E
BOC

Berit Janssen

Bis zum Ende der Welt
und ein paar Schritte weiter

Ein Tagebuch vom Jakobsweg

Bibliografische Information der Deutschen Nationalbibliothek:
Die Deutsche Nationalbibliothek verzeichnet diese Publikation in
der Deutschen Nationalbibliografie; detaillierte bibliografische
Daten sind im Internet über http://dnb.dnb.de abrufbar.

Herstellung und Verlag: BoD – Books on Demand, Norderstedt

ISBN: 978-3-7347-9619-7

Inhaltsverzeichnis

Der Herr möge Dir eine glückliche
und heilsame Reise gewähren.

Auf sanften Wegen mögest Du
die steilsten Berge erklimmen,
die tiefen Täler durchqueren,
die breiten Ebenen durchwandern
und die Wasser der Flüsse überwinden.

Mögen Dich die Geheimnisse
der dunklen Wälder nicht schrecken.

Gott möge Dich führen
und Sorge für Deinen Trost und Schutz tragen
und Dir eine glückliche Rückkehr gewähren.

Irischer Reisesegen

Februar

Er ist da!

An einem grauen Wintertag liegt er in meinem Briefkasten: mein Pilgerausweis. Ich starre ihn ungläubig an. Erst vier Tage ist es her, dass ich den Ausweis spät in der Nacht und mit dem Gedanken: „Genug überlegt! Ich mach' das jetzt einfach!" per Email bei der schwäbischen Jakobusgesellschaft bestellt habe.

Da ich bisher noch niemandem von meinem Vorhaben erzählt habe, ist es nicht weiter peinlich, wenn der Ausweis irgendwann ungenutzt in der Ablage P verschwindet. Hundertprozentig sicher bin ich mir nämlich noch nicht, dass ich das wirklich durchziehen werde. Zwar habe ich in diesem Sommer tatsächlich zwei wunderbare, endlose Monate zu meiner freien Verfügung, aber in denen kann man auch viele andere schöne Dinge tun. Einen Sprachkurs in Italien. Eine ausgedehnte Reise durch Frankreich. Irgendetwas, das nicht übermäßig mit sportlicher Betätigung zusammen-hängt. Sportlich bin ich nur im Notfall.

Stattdessen habe ich in einem Anfall von Größen-wahn diesen Pilgerausweis bestellt, der mir – da ich diese Daten angeben musste – mitteilt, dass meine Wanderung am 20. Juni am Somport-Pass beginnt. Das hat etwas Verpflichtendes an sich. Und wenn ich mir gegenüber ganz ehrlich bin, ist das, was mich von dem Projekt Jakobsweg tatsächlich am meisten abhält, nicht der Gedanke an die damit verbundene übermäßige sportliche

Betätigung, sondern die zu erwartenden Kommentare meiner Mitmenschen:

„Bist du vollkommen verrückt geworden?"

„Ich hab' gar nicht gemerkt, dass du eine Lebenskrise hast."

„Du weißt schon, dass du da jeden Tag zu Fuß gehen musst?"

„Zu viel Kerkeling gelesen, was?"

Ja, natürlich habe ich Kerkeling gelesen, aber ich kannte den Jakobsweg schon vorher. Neun Jahre ist es her, dass mir ein spanischer Kollege erzählt hat, der tollste Sommer seines Lebens sei der nach seinem Abitur gewesen, als er sechs Wochen lang auf dem Jakobsweg nach Santiago de Compostela gepilgert sei.

„Wohin?", fragte ich. Ich hatte keine Ahnung, wovon er sprach, und Pilgern war für mich gleichbedeutend mit Mittelalter. Er erklärte es mir: der Jakobsweg. Achthundert Kilometer zu Fuß durch Nordspanien. Herbergen, in denen man mit anderen Pilgern übernachtet, und wenn man in Santiago angekommen ist, bekommt man eine Urkunde, die Compostela, überreicht.

„Ich glaube dir kein Wort", sagte ich. Erstens war er genauso unsportlich wie ich. Zweitens fiel er bei der Arbeit weder durch Ausdauer noch durch Zielstrebigkeit auf. Und drittens: Wer geht denn achthundert Kilometer zu Fuß, wenn er auch mit dem Auto – dem Zug – dem Bus fahren kann? Noch dazu durch Nordspanien? Da ist doch gar nichts, außer dem Baskenland, und um das macht man ja wohl eher einen großen Bogen – egal ob zu Fuß oder mit dem Auto.

Mein Kollege schüttelte den Kopf angesichts meiner Ignoranz und fing an zu erzählen. Von den Menschen, die er unterwegs getroffen hatte. Von den vielen Landschaften, die er gesehen hatte. Von der Freiheit, die er auf dem Weg empfunden hatte. Irgendwann glaubte ich ihm dann doch. Und war fasziniert.

Was aber noch lange nicht hieß, dass ich es ihm nachtun wollte. Sportliche Betätigung ist, wie gesagt, meine Sache nicht, um ganz genau zu sein: Seit dem Ende meiner Schulsportzeit habe ich sie immer vermieden.

Zwei Jahre später verbrachte ich im Urlaub an der französischen Atlantikküste unter anderem ein paar Tage in Bayonne. Als Tagesausflugsziel pries mein Reiseführer das Städtchen St. Jean Pied de Port an, malerischer Sammelpunkt der französischen Jakobswege. Eine kleine Bimmelbahn fährt von Bayonne aus hinauf in den Ort, der sich wirklich als sehr hübsch entpuppte. In einer Pilgerherberge spionierte ich durch das Fenster: sehr viele Betten sehr eng gestellt in einem sehr kleinen Raum. Wie verzweifelt muss man denn sein, um in sowas zu übernachten? Da lobte ich mir mein Pensionszimmer in Bayonne!

Aber während ich die Hauptstraße hoch und runter spazierte, von der Brücke in den klaren Fluss schaute, ein wenig fotografierte und an und für sich sehr zufrieden war mit meinem Dasein, fiel mir etwas auf: die Pilger. Die liefen alle miteinander mit strahlenden Augen und glücklichen Gesichtern herum und schienen die zufriedensten Menschen der Welt zu sein. Als ob sie nicht am nächsten Tag mitsamt ihren Monster-Rucksäcken die Pyrenäen überqueren und anschließend durch ganz Nordspanien latschen müssten. Und ich erwischte mich bei dem Gedanken: Das will ich auch. Diesen glücklichen Gesichtsausdruck. Diese strahlenden Augen. Diese Zufriedenheit.

Seit diesem Tag spukte der Jakobsweg in meinem Hinterkopf herum. Eines war mir klar, wann immer ich mich mit dem Thema beschäftigte: Ich wollte den ganzen Weg gehen, inklusive Fisterra, und zwar in einem Stück, nicht etappenweise auf mehrere Urlaube verteilt. Womit ich auch jedes Jahr eine gute Ausrede hatte, um den Jakobsweg bei meiner Urlaubsplanung wieder in die hinterste Ecke meines Hinterkopfes zu verbannen: Nie im Leben hätte ich fünf oder sechs Wochen Urlaub auf einmal bekommen. Mein erster Arbeitgeber wäre mit einem freundlichen Lächeln über diesen „Scherz" hinweggegangen. Mein zweiter Arbeitgeber hätte mir den Urlaub gegeben – da bin ich ziemlich sicher – aber hinzugesetzt: „Das heißt, wenn Ihnen Januar oder Februar recht ist."

Aber in diesem Jahr sind mir tatsächlich die Ausreden ausgegangen. Im Sommer werde ich eine weitere Ausbildung beginnen, und vorher kann ich mir wirklich die Zeit freinehmen, die ich mir für den Jakobsweg immer gewünscht habe. Wenn ich denn den Jakobsweg gehe. Der Sprachaufenthalt in Italien klingt nach wie vor verlockend. Und ist ganz sicher weniger anstrengend.

Allerdings habe ich jetzt diesen Pilgerausweis im Briefkasten liegen. In meinem Größenwahn habe ich da auch noch Somport als Startort eintragen lassen und nicht St. Jean Pied de Port. Ich habe nämlich sehr viel Respekt vor der legendären ersten Etappe von St. Jean nach Roncesvalles. Die Somport-Variante auf dem Camino Aragonés – man fährt mit dem Bus auf den Pyrenäen-Pass hinauf und spaziert auf der anderen Seite die Pyrenäen wieder hinunter – klingt viel weniger anstrengend. Dass die Somport-Strecke auch hundert Kilometer länger ist, habe ich dabei komplett ignoriert.

Ein paar Tage, nachdem der Pilgerausweis bei mir angekommen ist, erzähle ich einer Freundin, dass ich sehr ernsthaft überlege, den Jakobsweg zu gehen. Und sie sagt nicht:

„Bist du vollkommen verrückt geworden?"

„Ich hab' gar nicht gemerkt, dass du eine Lebenskrise hast."

„Du weißt schon, dass du da jeden Tag zu Fuß gehen musst?"

„Zu viel Kerkeling gelesen, was?"

Sie sagt: „Wow! Super! Tolle Idee! Mach das!"

Die nächste Freundin reagiert ähnlich. Zu meiner Alternative – dem Italienisch-Sprachkurs – sagen beide: „Naja … ganz nett …"

Also tue ich das, was ich von Anfang an tun wollte: Ich plane meine Reise auf dem Jakobsweg. Ich habe noch vier Monate Zeit, bis es wirklich losgeht. Also kein Grund zur Panik.

März

Seit dem Tag, an dem ich beschlossen habe: „Ja, ich gehe den Jakobsweg!" befindet sich mein Gehirn im Santiago-Leerlauf. Eiligst habe ich den Flug gebucht – Hamburg – Toulouse am 18. Juni mit Germanwings – und den Rest der Anreise – Zugverbindung von Toulouse nach Pau, Tagesaufenthalt dort, Weiterfahrt nach Oloron Sainte Marie, von dort Bus zum Somport-Pass – mit ein paar weiteren Klicks ebenfalls organisiert. Ich habe mir neue Wanderstiefel zugelegt, meinen Rucksack inspiziert – der wird auch diese Reise noch überstehen – und eine Thermarest-Isomatte im Internet bestellt.

Mit der Isomatte läuft es allerdings von Anfang an verquer. Auf allen Packlisten taucht sie auf, insbesondere, wenn man im Sommer gehen will (überfüllte Herbergen spuken bereits jetzt in meinem Kopf herum). Die Packlisten-Verfasser, die auf die Isomatte verzichten, meinen: Leute, spart das Gewicht und leiht euch im Notfall eine Matte bei einem Co-Pilger.

Toller Plan! Wenn mehr Leute auf diese Idee kommen, ist die Isomatten-Knappheit vorprogrammiert. Ich für meinen Teil werde auf keinen Fall auf eine eigene

Matte verzichten. Meine größte Angst besteht nämlich nicht darin, einem unfreundlichen Hund zu begegnen oder als alleinwandernde Pilgerin belästigt zu werden, meine größte Angst besteht schlicht und einfach darin, abends kein Bett zu bekommen. Andererseits, wenn ich schon gezwungen bin, nach einer 25-plus-X-Kilometer-Wanderung durch die spanische Sommerhitze auf einer Isomatte zu übernachten, dann soll die auch halbwegs vernünftig sein, sprich, keine Schaumstoff-Matte, sondern eine schicke, bequeme, selbstaufblasende Thermarest-Matte. Im Internet kann man die zur Hälfte des Ladenpreises bestellen, also noch ein paar Klicks, und eine nagelneue Thermarest-Matte ist mein.

Ein paar Tage später finde ich an meiner Haustür die Benachrichtigung eines Paketdienstes: Da ich nicht zuhause gewesen wäre, hätte man mein Paket abgegeben bei … es folgt nur ein Name, den ich noch nie gehört habe, nichts weiter. In meinem Haus wohnt dieser Mensch nicht, und in den Nachbarhäusern auch nicht. Es braucht mehrere Tage, Telefonanrufe und Emails um herauszufinden, dass das Paket in einem Kiosk in der Parallelstraße gelandet ist. Das geht ja gut los, denke ich. Aber egal, Hauptsache, ich habe meine Isomatte. Meine dunkelblaue Isomatte sieht genauso aus wie im Internet beschrieben, man liegt überraschend bequem auf ihr, und dennoch bin ich nicht ganz glücklich. Denn in dem Augenblick, in dem ich ihre Hülle gesehen habe, weiß ich: Dieses Ding will ich nicht am Rucksack baumeln haben.

Mir ist klar, dass Eitelkeit so ziemlich das Letzte ist, was ich auf dem Jakobsweg brauche, und ich habe auch begriffen, dass meine Garderobe sich auf zwei T-Shirts und zwei Hosen beschränken wird. Ich werde meine roten Lieblings-Sandalen ebenso zuhause lassen wie das schicke Strickjäckchen, das mich sonst auf jede Sommerreise begleitet. Ich werde mich damit arrangieren, wenn meine Haare einen wochenlangen Bad-Hair-Day durchmachen müssen. Aber nie im Leben werde ich mit einer popelfarbenen Isomatten-Rolle am Rucksack sechs Wochen lang durch Nordspanien marschieren. Niemals! Nie!

Bei nächster Gelegenheit spaziere ich zu Globetrotter und kaufe eine Ersatzhülle. Mein Pech, dass ich dabei zwar eine schöne blaue Farbe erwische, in der Größe aber total danebengreife und zu Hause etwas auspacke, in dem man problemlos auch ein Zwei-Mann-Zelt unterbringen könnte.

Nein, es geht nicht gut los mit der Isomatte und mir, und ich frage mich bereits, was ich eigentlich tun werde, wenn ich dieses Ding sechs Wochen durch Spanien trage und am Ende gar nicht brauche.

April

Das großartige Ereignis wirft immer länger werdende Schatten voraus. Es sind noch zwei Monate, bis ich meine Wanderstiefel anziehe – die bis dahin hoffentlich eingelaufen sind – bis ich den Rucksack aufsetze – den ich bis dahin hoffentlich auf unter neun Kilo geschrumpft habe – bis ich losziehe nach Santiago de Compostela.

Meine Vorfreude ist riesengroß, während meine Verwandtschaft und Bekanntschaft in unterschiedliche Formen von Aufregung verfällt: „Schick uns jeden Tag eine SMS, damit wir wissen, dass es dir gut geht!" (Sicher nicht. Dann könnte ich auch gleich zuhause bleiben) –

„Willst du wirklich alleine gehen?" (Erstens: JA! Zweitens: Ich habe den starken Verdacht, dass man auf dem Jakobsweg nie lange alleine bleibt) –

„Willst du wirklich in den Herbergen übernachten? Die sollen doch alle so furchtbar sein." (Da ich mir anders als Pilgervater Kerkeling nicht sechs Wochen lang Hotels leisten kann, bleibt mir ja wohl nichts anderes übrig. Abgesehen davon halte ich „alle" und „furchtbar" für ein böswilliges Gerücht). –

„Wann kommst du wieder?" Das weiß ich wirklich nicht. Wenn ich angekommen bin. Tatsächlich habe ich kein Rückflugticket gebucht, aber die schöne Gewissheit, mir theoretisch zwei Monate Zeit lassen zu können. Um die Erwartungen nicht so hoch zu schrauben, erkläre ich immer: „Kann aber auch sein, dass ich nach vier Tagen platt in den Pyrenäen liege und keinen Schritt weiter laufen will. Dann mache ich doch Urlaub in Südfrankreich." - und ich füge hinzu, dass ich vor einiger Zeit Probleme mit dem linken Knie hatte. Trotzdem ist jeder fest davon überzeugt, dass ich in Santiago ankomme: „Zur Not nimmst du halt mal den Bus. Hat Kerkeling doch auch gemacht."

Schön, dass jeder besser über den Weg Bescheid zu wissen scheint als ich. Dabei bin ich diejenige, die neuerdings einen Wanderführer „Spanischer Jakobsweg" besitzt, die stundenlang Packlisten im Internet studiert (muss man wirklich eine Rettungsdecke mitnehmen?!) und jeden nur möglichen Weg zu Fuß erledigt.

Nebenbei kurbele ich die Outdoor-Industrie kräftig an, denn mir ist klar geworden: Meine wahre Herausforderung ist nicht das Laufen, sondern das GEWICHT. Damit meine ich nicht meines – das ist trotz meiner jahrelangen Weigerung, mich sportlich zu betätigen, völlig in Ordnung – sondern das des Rucksacks. Bei einer normalen Reise würde ich es zwar albern finden, mir zwei Monate vor Aufbruch Gedanken über das Gepäck zu machen, aber hier ist definitiv nichts normal. Also habe ich am Ostermontag alles, was mir wichtig und notwendig erschien (keine Rettungsdecke!) in meinen großen Rucksack gestopft und bin damit losspaziert. Nach einer halben Stunde wusste ich: Damit komme ich vielleicht um den Block, aber nicht nach Santiago de Compostela. Um mich wirklich zu disziplinieren, muss ein kleinerer Rucksack her. Also spaziere ich (ja, ich gehe mittlerweile jeden möglichen Weg zu Fuß in meinen neuen Wanderstiefeln) einmal mehr zu Globetrotter und kehre mit einem winzig wirkenden Dreißig-Liter-Rucksack zurück.

Es folgt eine weitere Runde Aussortieren: Ich brauche keine Wasserflasche, ich kaufe mir einfach eine PET-Flasche und fülle nach (hundert Gramm gespart). Und was um Himmels willen soll ausgerechnet ICH mit einem Erste-Hilfe-Set? Ich könnte weder mich noch einen Co-Pilger versorgen, meine Reaktionen beim Anblick vom Blut sind legendär. Selbst im Erste-Hilfe-Kurs bin ich ohnmächtig geworden (zweihundertfünfzig Gramm gespart).

Allerdings gehöre ich nicht zu den Leuten, die jedes Ausrüstungsstück inklusive Credencial auf die Küchenwaage legen, und auch aus meinem Wanderführer werde ich die unnötigen Seiten nicht herausreißen. Ich packe einfach so lange, bis ich den Rucksack nicht mehr schwer finde, und als ich den neuen Rucksack an diesem Abend zum ersten Mal aufsetze, habe ich tatsächlich das Gefühl: So wird's gehen.

Ende Mai

Meine erste Erkenntnis über den Jakobsweg, ehe ich auch nur einen Schritt gepilgert bin: Er macht mich zum grenzenlosen Egoisten. Noch nie habe ich mich so ausschließlich mit mir selbst beschäftigt wie in diesen Tagen. Seit zwei Monaten beschäftige ich mich mit MEINEM Rucksack, mit MEINEN Wanderschuhen und MEINER Ausrüstung. Seit Wochen bastele ich täglich an dem perfekten Rucksack (zuletzt wurde der

Schlafsack entsorgt und durch ein Seideninlet ersetzt, schließlich ist Hochsommer, sagenhafte sechshundert!!! Gramm gespart!), und wenn ich damit fertig bin, ziehe ich MEINE Wanderschuhe an, setze mir den Rucksack auf und laufe um den Eilbeker Kanal, jeden Abend mindestens eine Stunde lang. Kein Gewitterregen kann mich davon abhalten – in Galizien soll es ja auch einmal pro Tag regnen.

Mir ist zwar klar, dass eine Stunde Eilbeker Kanal kaum mit einer Tageswanderung in den Pyrenäen zu vergleichen ist, aber dafür wächst mein Vertrauen in Schuhe und Rucksack. Beide werden mir, da bin ich mittlerweile sicher, keine Probleme bereiten.

Was mir inzwischen wirklich Sorgen macht, sind meine Co-Pilger. Je mehr Erfahrungsberichte ich im Internet lese, desto mehr fürchte ich, unterwegs nur Leute zu treffen, denen ich schon im wahren Leben nicht begegnen möchte. Eine Pilgerin freut sich über die niedrigen Preise für Alkohol in den spanischen Bars, eine andere beschwert sich ausgiebig über die Verständigungsschwierigkeiten in Frankreich, wo man tatsächlich nicht Deutsch, sondern Französisch spricht. Dem nächsten fällt gerade mal eine Woche vor Aufbruch ein, dass er seine Schuhe noch einlaufen muss. Prompt bekommt er das, was er ausführlich mit schauderhaftem Bildmaterial unterlegt: Blasen.

An diesem Punkt schwöre ich feierlich: Niemals werde ich ein Blasenfoto von meinen Füßen machen – und auch nicht auf die Idee kommen, dieses im Internet zur Schau zu stellen. Eigentlich habe ich mir sogar vorgenommen, gar keine Blasen zu bekommen. Zu diesem Zweck befinden sich die beiden Wundermittel Hirschtalg und Vaseline in meinem schrumpfenden Reisegepäck. Ob's was nützt?

13. Juni

Vorgestern, als ich zum ungefähr hundertsten Mal meinen (noch) leeren Pilgerausweis aufgeklappt und betrachtet habe, hatte ich eine wunderbare Idee: Es wäre doch schön, außer all den zu erwartenden spanischen Stempeln auch ein Stück von Zuhause im Credencial zu haben. Denn wenn meine Wanderung auch erst oben am Somport-Pass beginnt: Meine eigentliche Reise beginnt ja hier in Hamburg, und so wie ich mich kenne, werde ich mich in der langen Zeit unterwegs immer wieder freuen, einen Stempel aus meiner Heimatstadt in meinem Credencial zu sehen.

Nächste Frage: Wo bekommt man in Hamburg einen Pilgerstempel her? In meiner evangelischen Kirchengemeinde? Im katholischen Dom? Ich googel mal wieder und muss zwei Minuten später über mich selbst lachen: Natürlich weiß ich, dass eine der Hamburger Hauptkirchen St. Jacobi heißt. Nur die Verbindung St. Jacobi – Jakobsweg ist mir irgendwie in den ganzen vier Monaten meiner Vorbereitung nie in den Sinn gekommen. Sonst hätte ich nämlich nicht erst jetzt, eine Woche vor Abreise, erfahren, dass es dort außer einem Pilgerpastor und einem Pilgerstempel auch einen Pilgergottesdienst mit Pilgersegen gibt.

Zum Pilgergottesdienst werde ich es nicht mehr schaffen, aber den Stempel will ich unbedingt haben. Also renne ich nach der Arbeit zur Jacobi-Kirche. In der schlichten und stillen Kirche sind mein stressiger Arbeitstag und der Rummel draußen auf den Einkaufsstraßen der Innenstadt sofort vergessen. Die freundliche Dame am Empfang ist ganz aufgeregt, als ich nach dem Stempel frage, und muss erst einmal auf einem anderen Blatt Probe stempeln, ehe sie sich an mein Credencial wagt. Leider versteht sie mich falsch und glaubt schwer beeindruckt, ich würde jetzt direkt in Hamburg loslaufen. Weshalb ich das nachmittags und mit einem schwarzen Hosenanzug bekleidet tun sollte, bleibt rätselhaft, und mein Versuch, das Missverständnis aufzuklären, wird von einer drängelnden russischen Familie torpediert. Dennoch bin ich stolz wie Oskar auf meinen ersten Stempel.

Pau, 18. Juni

Es ist so weit. Vorhin, als ich auf dem Weg vom Bahnhof hinauf in die Stadt die Gratis-Zahnradbahn absichtsvoll übersehen und mit Wanderstock den Fußweg genommen habe, habe ich mich zum ersten Mal so gefühlt: als Pilgerin.

Gestern hatte ich noch nicht zu hoffen gewagt, dass ich heute Abend gemütlich und entspannt in meinem Hotelzimmer in Pau sitzen und in den blauen Abendhimmel schauen würde. Denn bevor ich weiterschreibe, muss ich erwähnen, welch abgrundtiefe Angst und Panik mich gestern Nachmittag ergriff, als ich nach Feierabend und Verabschiedung vom Arbeitsplatz meine Wohnungstür aufschloss. WAS HABE ICH GETAN! schoss es mir durch den Kopf. Einen (krisen-)sicheren Job gekündigt, um eine weitere Ausbildung anzufangen. Und als ob das noch nicht genug des Größenwahns wäre, bilde ich mir ein, vorher kurz neunhundert Kilometer im Hochsommer durch Nordspanien tippeln zu müssen.

Alle Vorfreude, alle Energie war in diesem Augenblick wie weggeblasen. Ich wollte für immer und ewig auf meinem Sofa sitzenbleiben. Wäre Germanwings an diesem Abend pleitegegangen oder der Hamburger Flughafen spontan von einem Orkan zerstört worden – ich hätte es dankbar zur Kenntnis genommen.

Nichts dergleichen ist passiert. Mein Wecker klingelt um sechs, was unnötig ist, weil ich ohnehin und wie seit Tagen um vier Uhr hellwach bin. Mehr als ein halbes Franzbrötchen zum Frühstück bekomme ich nicht herunter. Um acht treffe ich mein Verabschiedungs-Komitee, bestehend aus meiner Mutter, an der S-Bahn. Am liebsten wäre ich Kerkeling-like mit einem leisen „Ich bin dann mal weg" verschwunden, denn die eine Hälfte von mir ist nach wie vor überzeugt, dass ich nach Tag Vier platt in den Pyrenäen liegen werde. Die andere Hälfte meint allerdings sehr entschieden: „Ich will in

Santiago de Compostela ankommen!", und meine Mutter ist seit Wochen energischste Unterstützerin dieser Hälfte. Also darf sie mich auch zum Flughafen bringen.

Wie gut, dass wir so pünktlich waren: Bei Germanwings ist genau eine Mitarbeiterin damit beschäftigt, zwei Flüge einzuchecken. Die Warteschlange zieht sich weit in die Abflughalle hinein, und nach einer halben Stunde, als ich wirklich und wahrhaftig als nächste dran sein werde, wird die ganze Geschichte von einem älteren Ehepaar torpediert, das sich erst kraft seiner Rollatoren vordrängelt und dann standhaft weigert, das durch seine drei Koffer verursachte Übergepäck zu bezahlen.

Das geplante kleine Flughafen-Frühstück mit meiner Mutter muss sich nach der endlosen Warterei auf eine eilige heiße Schokolade beschränken, und dann, ehe wir beide in Tränen ausbrechen können, murmele ich tatsächlich „Ich bin dann mal weg" und verschwinde durch die Sicherheitskontrolle. Der Flug verläuft unspektakulär, wenn man davon absieht, dass Oma und Opa Rollator ein paar Reihen schräg vor mir der Meinung sind, mit drei bezahlten Gepäckstücken auch Anspruch auf drei Sitzplätze zu haben …

In Toulouse ist es vor allen Dingen eines: unglaublich heiß. Und das liegt nicht, wie ich mir zunächst eingeredet habe, an der Klimaanlage des Flughafengebäudes. Über der ganzen Stadt hängt eine drückende Hitzeglocke, und bei der Vorstellung, unter solchen Bedingungen kilometerweit mit meinem Rucksack durch die Gegend zu latschen, sagt meine pessimistische Hälfte wieder: Nach vier Tagen liegst du platt in den Pyrenäen, meine Liebe.

An der Flughafen-Bushaltestelle entdecke ich vor mir einen Rucksack, an dem Sicherheitsnadeln hängen und das orangefarbene Namensschild, das Globetrotter bei Erstbestellungen als Dankeschön mitschickt. Unverkennbar: mein erster Co-Pilger! Das ging ja schneller als ich gedacht habe. Im Gespräch stellt sich allerdings heraus, dass der Junge den Camino del Norte laufen und daher heute noch bis an die spanische Grenze fahren will. Immerhin ist er so nett, mit einem Blick auf meinen Rücken zu bemerken: „Dein Rucksack ist viel kleiner als meiner!" – genau das ist es, was ich nach zwei Monaten Packen auch hören wollte.

Toulouse vom Bus aus wirkt sehr schön, aber obwohl ich über zwei Stunden auf meinen Zug nach Pau warten muss, verzichte ich auf einen Stadtrundgang. Die Hitze erschlägt mich geradezu. Später im Zug wird es besser. Ich klebe an der Fensterscheibe und halte nach den Pyrenäen Ausschau. Vor sieben Jahren, in dem Urlaub, der mich auch nach St. Jean Pied de Port geführt hat, habe ich eine ganze Woche am Fuß der Pyrenäen verbracht und nicht einen einzigen der angeblich schneebedeckten Gipfel zu Gesicht bekommen. Dieses Gebirge ist mir noch etwas schuldig!

Pau, 19. Juni

Pau ist eine nette kleine Stadt und für meine Zwecke – einen Tag ausspannen, bevor es ernst wird – perfekt geeignet. Es gibt hier keine Super-Sehenswürdigkeiten, keinen Massentourismus-Magneten. Tatsächlich musste ich heute Morgen eine ganze geschlagene Stunde durch die Straßen schlendern, bis ich überhaupt anderen Touristen begegnet bin - und zu dem Zeitpunkt hatte ich bereits die Markthallen durchquert, eine Kirche besichtigt und das Musée Bernadotte passiert!

Die größte Sehenswürdigkeit ist das Schloss mit dem Schildkrötenpanzer, der König Heinrich dem Vierten als Wiege gedient haben soll. Besagter König ist hier geboren, wäre dies nicht so, wäre die Zahnradbahn vom Bahnhof zur Stadt die größte Sensation. Und natürlich der Pyrenäenblick, den man vom Boulevard des Pyrénées haben … soll. Denn ich wage es kaum zu schreiben: Wie bei meinem ersten Pyrenäen-Aufenthalt vor sieben Jahren ist nichts zu sehen. Gestern hüllte sich mein freundliches Gebirge in Hitzedunst. Letzte Nacht hat es dann geregnet, und die Berge haben sich endgültig hinter Wolken versteckt. Prompt mache ich mir Sorgen, ob mein erster Wandertag morgen auch gleich der erste Regentag sein könnte. Das wäre auf tausendsechshundert Meter Höhe und bei Wegbeschreibungen mit dem Hinweis „plötzlich ansteigende Wasserpegel" kein guter Anfang.

Nach der Schlossbesichtigung spaziere ich zum Bahnhof hinunter (diesmal doch mit Hilfe der

Zahnradbahn) und kaufe bei einem charmanten jungen Mann („Sind Sie unter sechsundzwanzig?") meine Fahrkarte für morgen. Neun Uhr fünf mit dem Zug von Pau nach Oloron Ste. Marie, neun Uhr fünfzig mit dem Bus von Oloron nach Somport, Ankunft zehn Uhr neunundfünzig … Kaum zu glauben, dass ich morgen um diese Zeit schon die erste Etappe hinter mir haben werde. Mein Wanderführer schlägt vor, am ersten Tag fröhliche dreiunddreißig Kilometer von Somport nach Jaca durchzumarschieren, achthundert Meter Höhenunterschied inklusive. Ich halte das für Größenwahn, von meiner ersten Etappe auf dem Jakobsweg will ich schließlich jeden Schritt genießen, und abgesehen davon komme ich ja sowieso erst am Vormittag los. Also werde ich die Strecke teilen und bei Kilometer siebzehn in Villanúa übernachten. Der zweite Tag mit sechzehn Kilometern nach Jaca ist dann ebenfalls recht entspannt, sodass ich am dritten Tag, wenn ich mich und meine Kräfte besser einschätzen kann, die fünfundzwanzig Kilometer von Jaca nach Arrés in Angriff nehmen kann.

Sarrance, 20. Juni

Ich bin an einem Ort, von dessen Existenz ich bis heute Vormittag nichts wusste und der sich auch definitiv nicht in Spanien befindet.

Seit vier Monaten stand fest: Meine Pilgerreise beginnt am Somport-Pass. So habe ich es mir vorgenommen, so steht es in meinem Pilgerausweis. So hat mir der charmante junge Mann gestern in Pau meine Fahrkarte verkauft. So bin ich heute Morgen in Pau um neun Uhr in den kleinen Zug gestiegen. Der Zug setzt sich in Bewegung, mit zehn Minuten Verspätung. Es folgt eine Durchsage, von der ich nur „tour à velo" verstehe (ich habe mittlerweile meinen MP3-Player in Betrieb genommen und Kopfhörer in den Ohren). Daueroptimistisch und in dem wirklich guten Französisch, das ich in Notfällen parat habe, erkundige ich mich beim Schaffner, ob der Bus in Oloron denn trotz Verspätung warten würde. Non, Mademoiselle, erklärt Monsieur Schaffner. Der Bus fährt nämlich gar nicht. Fällt aus wegen eines Radrennens.

Äh … ich starre etwas ratlos auf die gestern gekaufte Fahrkarte, auf der zweifelsfrei steht, dass ich am 20. Juni um neun Uhr fünfzig mit dem Bus von Oloron Sainte Marie nach Somport fahren werde. Und ich dachte immer, sowas passiert nur bei der Deutschen Bahn! – Und, äh, wie, frage ich, komme ich dann heute zum Somport?

Später, sagt Monsieur Schaffner. Mit dem Bus in fünf Stunden. Der fährt ganz planmäßig.

Ich starre Monsieur Schaffner fassungslos an. Ein älterer Herr schräg gegenüber nickt mir und meinem Rucksack mitleidsvoll zu. Allerdings sagt er nicht: Keine Panik, Mademoiselle, mein Auto steht in Oloron auf dem Parkplatz, ich fahr Sie die sechzig Kilometer zum Pass hoch.

Während Monsieur Schaffner sich den übrigen Fahrgästen zuwendet – von denen keiner mit irgendeinem Bus irgendwohin will – krame ich den Fahrplan hervor, den ich zum Glück gestern im Bahnhof mitgenommen habe, und gehe meine Optionen durch:

* Ich vertrödele den Vormittag in Oloron Sainte Marie, nehme den späten Bus, komme um sechzehn Uhr am Somport-Pass an und übernachte in der dortigen Herberge, da ich keine Nachtwanderung durch die Pyrenäen unternehmen will

* Ich vertrödele den ganzen Tag in Oloron, übernachte dort und nehme den Bus morgen früh

* Ich besinne mich auf das, was in meinem Pilgerausweis steht: Nämlich dass meine Reise am 20. Juni beginnt, und spaziere direkt in Oloron los. Den Bus kann ich dann morgen noch in einem anderen Ort nehmen. Die Tatsache, dass ich für die französische Seite der Pyrenäen weder Wegbeschreibung noch Unterkunftsverzeichnis habe, ignoriere ich dabei komplett

Viele gute und vernünftige Gründe sprechen für Variante eins oder zwei, aber hier geht es gerade nicht mehr um Vernunft. Hier geht es nur noch um eins: Ich will endlich los! Seit Monaten habe ich auf diesen Moment hin geplant, seit Tagen schlafe ich schlecht, und heute will ich nicht mehr irgendwo herumtrödeln, sondern loswandern! Ich bin zum Wandern angezogen, ich bin auf Wandern eingestellt, ich will WANDERN!

Als Erstes brauche ich eine Wegbeschreibung. Die gibt es hoffentlich im Office de Tourisme. Oloron ist eine hübsche Stadt mit alten Häusern und schönen Brücken, aber für diese Details fehlt mir jetzt der Blick. Ich verlaufe mich zweimal, bis ich das Office de Tourisme gefunden habe, und die Dame dort nimmt meinen Vortrag, dass der Somport-Bus ausfällt, nur mit einem Achselzucken zur Kenntnis. Offensichtlich hat sie die Klage heute schon öfter gehört. Als ich aber hinzufüge, dass ich meinen Jakobsweg alternativ hier beginnen möchte, kommt Leben in sie, sie kopiert mir mehrere Seiten Wegbeschreibung, versichert, dass der Weg gar nicht schwer sei, zeichnet den Jakobsweg auf dem Stadtplan von Oloron ein und wünscht mir herzlich eine Bonne route.

Ohne die Wegbeschreibung genau studiert zu haben – ich lese nur: erster Tag, einundzwanzig Kilometer, fünfeinhalb Stunden – entscheide ich: Das kann ich. Es ist halb elf, selbst wenn ich noch einkaufe und zur Kathedrale gehe: Wenn ich um zwölf losmarschiere, bin ich spätestens abends um sechs in einem Ort namens Sarrance. Nie gehört, aber ein Blick auf den Fahrplan zeigt mir, dass dort morgen Vormittag ein Bus hält, der mich zum Somport-Pass bringt. Alles ist wieder gut. Nun muss ich nur noch die Kathedrale finden. Das ist zwar ein Umweg, aber eine Pilgerreise kann ja wohl kaum an einer Touristen-Information beginnen.

„Finden" ist allerdings wirklich ein gutes Stichwort. Meine Vermutung, dass eine Kathedrale sich im Zentrum befindet und an ihren hohen Türmen weithin erkennbar ist, entpuppt sich als großer Irrtum. Ein paar „Excusez-moi, Monsieur" später finde ich sie dann tatsächlich, und es ist ganz klar, weshalb ich sie übersehen konnte: Ein uraltes romanisches Kirchlein duckt sich auf einen sonnenbeschienenen Platz. Innen diffuses Vormittagslicht, die Farben der Fensterscheiben werden auf die Steinplatten geworfen, bunte Malereien an den Wänden ... und für all das habe ich gar keine Augen. Ich bin von Emotionen überkommen. Schniefend finde ich mich vor einer Statue der Jungfrau Maria wieder, zünde eine Kerze an und denke an meine liebe Familie. Wieder zu mir gekommen suche ich nach jemandem, der mir einen Stempel in mein Credencial drücken könnte. Es gibt niemanden. Nur eine Liste, auf der Pilger sich eintragen können.

Egal, ehe ich losspaziere, will ich eh noch eine Orangina in dem Café vor der Kirche trinken und die französische Wegbeschreibung studieren ... und als ich das getan und auch die Kathedrale fotografiert habe, ist der Stempel vergessen. Stattdessen gehe ich los.

Wunderbares Wanderwetter. Sonne und Wolken wechseln sich ab, es ist nicht zu warm und nicht zu kalt. Kurz hinter der Kathedrale fragt mich ein älteres Ehepaar: „Vous allez à Santiago?" – „Oui!" (seit hundert Metern) – „Bonne courage!"

So, ich gehe also wirklich nach Santiago. Ich könnte schon wieder heulen. Dafür fällt mir der Stempel ein. Laut meiner Karte komme ich an einer weiteren Kirche vorbei, und da sich auch neben dieser ein Muschelzeichen befindet, denke ich: Werde ich da wohl meinen Stempel bekommen. Dummerweise befindet sich das Kirchlein auf einem Hügel (von meinem grandiosen Plan, am ersten Tag eher entspannt bergab als bergauf zu gehen, habe ich seit langem Abstand genommen), und so bin ich sehr rotgesichtig und verschwitzt, als ich die quietschende Seitentür aufschiebe. Oh weh! Wie der Heilige Geist persönlich stehe ich direkt neben dem Altar, unter dem gerade la petite Camille getauft wird. Ich denke spontan, eine Pilgerin zur Taufe kann la petite Camille nur Glück bringen, aber die Taufgesellschaft und der Pfarrer betrachten mich recht konsterniert. Da ich nun schon mitten in der Kirche stehe, kann ich nicht einfach auf dem Absatz umdrehen und ebenso laut und quietschend wieder verschwinden. Es dauert eine gefühlte halbe Stunde, bis ich eine Pause in den Segenssprüchen des Pfarrers zum dezenten Rückzug nutzen kann. Natürlich einmal mehr mit Tränen in den Augen – Taufe, la petite Camille … da ist es nur ein kurzer gedanklicher Schritt zu meinen beiden kleinen Neffen.

Nun will ich aber wirklich los. Es ist bald zwölf, sechs Stunden Wanderung und ein unbekanntes Nachtquartier liegen vor mir. „Bonne route!" wünscht die Dame in dem kleinen Geschäft, in dem ich meinen Proviant auffülle, und dann geht's los. Der Anfang ist einfach. Man folgt einer Straße aus Oloron heraus. Prompt stehe ich an einer Kreuzung, die in meiner französischen Wegbeschreibung nicht vorkommt. Dafür steht dort eine Bank, auf der sich … mein erster Muschelwegweiser befindet! An der Bank lehnt auch ein junger Radfahrer, den ich zurate ziehe, da Muschel und Kreuzung, wie gesagt, nicht da sein sollten. Der Radfahrer rät mir, die Muschel zu ignorieren. Nach Sarrance ginge es rechts entlang, nicht links, ganz klar.

Ich will ihm zugutehalten: Er hat es ganz sicher nicht absichtlich getan. Er war so schüchtern und erschrocken, dass ich ihn überhaupt angesprochen habe – aber nach einer halben Stunde auf einer Landstraße muss ich mir eingestehen, dass dies keineswegs der angekündigte Waldweg ist. Ohne vernünftige Karte bin ich verloren, bis mir die Straßenschilder anzeigen, dass ich auch auf diesem Weg zum Zwischenstopp Eysus komme. Dort kann ich den verpassten Jakobsweg wieder aufnehmen.

Die Landschaft: gepflegte Häuser in grüner Voralpen-Atmosphäre. Hier ein paar Kühe, da ein paar Schafe. Überall Hunde. Sonne und Wolken wechseln sich nach wie vor ab. In Eysus, sagt meine französische Wegbeschreibung, soll ich vom Zentrum aus in die Route du Fonton abbiegen, die sanft ins Tal hinabsteigt. Zentrum? Aber bitte nicht am Samstagmittag. Die Mairie ist so groß wie eine Garage und verschlossen, und dass ich mich zum Pausensnack am Kriegerdenkmal niederlasse, interessiert auch niemanden. Die Route du Fonton geht tatsächlich gegenüber ab, aber sie steigt nicht sanft ab, sondern sanft an. Ich komme an einer Kirche vorbei, die

Jakobspilgern „service" bietet – auch hier niemand – und stehe schließlich auf einem kleinen Platz, an dem die Route du Fonton endet und drei andere Wege abgehen. Von denen selbstverständlich keiner in meiner Wegbeschreibung auftaucht.

Der Einzige, den ich fragen könnte, ist ein schlafender Hund. Ich habe wirklich keine Ahnung, wo es weitergeht, und auch keine Lust, mich wieder zu verlaufen. Mir bleibt nichts anderes übrig, als in diesem ausgestorbenen Nest an eine Tür zu klopfen und ein großes „Excusez-moi" vorzubringen, als eine freundliche Stimme hinter mir fragt: „Qu'est-ce que vous cherchez?" Madame hat mich vom Küchenfenster aus beobachtet.

„Je cherche … le chemin de St. Jacques." Madame zeigt auf den mittleren Weg, und wenn der sich gabelt, weiter auf dem mittleren Weg. Und Madame hat recht! Der mittlere Weg steigt tatsächlich sanft ins Tal hinab, und dort, an der nächsten Gabelung, lese ich hochoffiziell: Chemin de St. Jacques de Compostelle. Ich bin so erleichtert, mir kommen schon wieder die Tränen. Ein kleines Steinhäufchen vor dem Wegweiser deutet darauf hin, dass ich nicht die Erste bin, die hier Dankbarkeit empfindet.

Apropos – wo sind eigentlich die anderen Pilger? Hier jedenfalls nicht, ich laufe seit anderthalb Stunden alleine herum. Vielleicht hängt es mit meinem späten Aufbruch in Oloron zusammen. Der Weg ist sehr hübsch, der Fluss Aspe rauscht mal näher, mal ferner, die Orte und Häuser sind wunderbar gepflegt. Nicht wenige mit einer Palme im Garten, vor Bergpanorama. Einmal gehe ich einen kleinen Umweg, weil ich Weiden mit Kühen so ungern überquere, und einmal lande ich in einer Art Bachbett, das sich aber tatsächlich als Jakobsweg entpuppt – in all dem Gestrüpp taucht wieder der gelbe Pfeil auf. Seitdem sieht meine Hose wirklich wie eine Wanderhose aus, und der Stock ist jetzt auch mehr als ein Must-Have-Accessoire.

In Lurbe St. Christau, einem Ort wie aus dem Bilderbuch, winkt mir eine Oldtimer-Fahrerin fröhlich zu. Ich spaziere an stillgelegten Bahngleisen entlang durch eine friedliche Voralpenlandschaft. Die Wiesen sind frisch und grün, Feldblumen blühen in allen Farben, Schmetterlinge flattern um mich herum, Schafe mähen, Kuhglocken bimmeln. Als der Weg hinter Escot die Straße kreuzt, werde ich einmal mehr Opfer meiner französischen Wegbeschreibung, übersehe eine Abzweigung und lege die letzten Kilometer bis Sarrance auf der Nationalstraße zurück, die aber an diesem Samstagnachmittag von mehr freundlich grüßenden Radfahrern als Autos befahren wird – und dann bin ich plötzlich an meinem ersten Etappenziel, in Sarrance. Hébergement – Unterkunft verspricht meine Wegbeschreibung, ohne Genaueres zu verraten, und nach einem weiteren „Excusez-moi, Monsieur" erfahre ich: im Kloster.

Das Kloster befindet sich am Ausgang des hübschen, im Tal der Aspe gelegenen Ortes. Um einen quadratischen Innenhof gruppieren sich die Kirche und mehrere Gebäude, und an einem alten Tor entdecke ich schließlich den Zettel: „Pélérins sonnez ici s'il-vous-plaît". Also klingele ich, unglaublich gespannt, ob und wie es gleich in meiner ersten Pilgerherberge weitergeht.

Nach einer Weile öffnet ein weißhaariger Monsieur die Tür und nickt auf meine Frage, ja, natürlich könnte ich hier schlafen. Ich sei sogar der einzige Gast heute. Monsieur führt mich durch einen begrünten romanischen Kreuzgang in eine Art Abstellkammer. Wie, da soll ich …? Aber er bedeutet mir nur, die Schuhe auszuziehen. Auf Strümpfen darf ich das ehemalige Refektorium betreten, einen großen, dunklen Raum, in dessen hinterer Ecke sich eine kleine Küche befindet. Rechts und einen Schritt über den Hof geht es zu den Duschen und Toiletten, und davor führt eine breite Treppe zu dem Schlafsaal in der oberen Etage, in dem vier Etagenbetten stehen. Unter dem Bogenfenster, das bis zum Fußboden reicht, steht ein wackeliger Tisch mit Blick auf den Dorfplatz, den Fluss und die Berge – genau dort hätte ich den Tisch auch hingestellt. Alles in diesen Räumen ist alt – inklusive Monsieur -, nichts passt zueinander, aber alles ist sauber, und ich wähne mich im Pilgerparadies.

Monsieur drückt den ersten richtigen Stempel in mein Credencial, lauscht meiner Geschichte von dem ausgefallenen Bus (Jaja, diese tour à velo… bringt immer so viel Unruhe in die Gegend!) und fragt, ob ich denn am nächsten Tag den Bus nehmen oder zu Fuß gehen will. Ich bin noch unentschieden. Eigentlich wollte ich morgen zum Somport-Pass fahren, andererseits war dieser erste Wandertag in Frankreich so unerwartet schön, dass ich gerne weiter laufen würde – Zeit genug habe ich ja … wieder andererseits hat sich meine Wegbeschreibung als wenig zuverlässig erwiesen … Monsieur meint, die morgige Etappe nach Borce sei zwar etwas schwieriger, aber landschaftlich noch schöner. Und ich hätte Glück, morgen sei ja Sonntag, da dürfen auf der Nationalstraße, die ich öfter kreuzen muss, keine Lastwagen fahren – das sollte ich ausnutzen. Ich bin unentschieden und will das am Morgen vom Wetter und etwaigem Muskelkater abhängig machen.

Später sitze ich an dem Tisch unter dem Bogenfenster und schreibe die Ereignisse des Tages auf. Aus meinem Fenster schaue ich auf einen kleinen Platz mit Palmen, dahinter stehen fünf Platanen, eine altmodische Laterne und rechts das unvermeidliche Kriegsdenkmal, in diesem Fall eine schlichte weiße Stele mit Bronzehahn. Dann kommt der Fluss Aspe, den man nicht sehen, aber rauschen hören kann. Und dann steigen unmittelbar die Berge empor, sehr grün, oben schroff und felsig, und von dort oben bimmeln und muhen glückliche Kühe zu mir hinüber. Dieser Ort ist so zauberhaft, und ich bin so froh, dass ich ihn kennenlernen durfte! Alle Menschen, die ich heute getroffen habe, waren freundlich und hilfsbereit. Das vermeintliche Pech mit dem ausgefallenen Bus scheint sich in den ersten großen Glücksfall meiner Reise zu verwandeln.

Als ich wieder aus dem Fenster schaue, fangen Berge, Felsen, Almen und Kühe rosa-orange an zu leuchten. Alpenglühen! Mir steigen einmal mehr Tränen in die

Augen. Die Frage, ob ich morgen laufe oder Bus fahre, beantwortet sich in genau diesem Augenblick.

Borce, 21. Juni

Die heutige Etappe war auf jeden Fall anstrengender als die gestrige Strecke, und das wäre sie auch ohne die beiden Ehrenrunden gewesen, die mich circa drei Kilometer und eine Stunde gekostet haben.

Dabei fing der Tag wirklich gut an. Ausgeschlafen, Wäsche trocken, und in der kleinen Küche gibt es sogar schwarzen Tee. Während mein Frühstück in den letzten Zügen liegt, kommt Monsieur vorbei und erkundigt sich, wie ich mich entschieden hätte – „marcher" oder „autobus". Mein „marcher" nimmt er mit einem erfreuten Lächeln zur Kenntnis. „Alors, au revoir et bonne route!" – Moment, da fehlt doch noch was! Etwas stotternd frage ich ihn, was ich ihm für seine Gastfreundschaft eigentlich schuldig sei. Monsieur, der bereits in der Refektoriumstür steht, winkt ab. „Ça va, ça va." Da kommen mir erst einmal die Tränen. Keine Ahnung, ob der Mann Pfarrer, Mönch oder Verwalter war, aber das Alpenglühen-Kloster werde ich nie vergessen.

Nach einem Foto im Kreuzgang verlasse ich das Kloster. Nebenan wird gerade zur Messe geläutet, also stehen die fünf alten Damen des Dorfes im Sonntagsstaat vor der Kirche. Bei meinem Anblick geht ein Strahlen über ihre Gesichter, Daumen hoch und „Bonne route, Mademoiselle!" Mir kommen schon wieder die Tränen. Fünf nach neun, noch keinen Kilometer gelaufen und bereits zweimal kurz vorm Heulen – was soll das nur für ein Tag werden!

Monsieur hat mir empfohlen, den Weg auf den ersten Kilometern zu ignorieren und an der Straße entlang zu laufen. Das sei leichter und heute am Sonntag wegen des LKW-Verbots auch nicht problematisch. So komme ich gut voran, bis bei einem kleinen Weiler eine deutliche Abzweigung mit Muschelsymbol in den Wald führt. Es folgt ein Hohlweg oberhalb der Aspe. Der Fluss rauscht links, die Berge steigen beiderseits empor, der Weg ist grün und ein wenig glitschig und in jedem Fall wunderschön. Allerdings kommt mir hier zum ersten Mal der Gedanke: Was, wenn ich jetzt ausrutsche und mich verletze? Andere Pilger sind nämlich weit und breit nicht in Sicht.

Der Hohlweg mündet in einen Feldweg, bergab, bergauf, rechts und links und auch auf dem Mittelstreifen blüht es in allen möglichen Farben. Rechts am Wegesrand leuchtet etwas kleines Rotes. Es ist … eine Walderdbeere. Und noch eine und noch eine. Sie schmecken köstlich, die Mini-Erdbeeren. Rechts treibt ein Schäfer seine Herde den Berg hoch, in der Ferne vor mir erheben sich beängstigend hohe Berge, und dann ist irgendwann Bedous erreicht, das erste Drittel geschafft.

In Bedous wird noch eine Schafherde durch das Dorf getrieben, vor der geöffneten Epicerie steht der halbe

Ort an. Da verzichte ich auf das Warten – habe eh noch genug zu essen im Rucksack – und spaziere weiter in Richtung Jouers. Denke ich jedenfalls. Denn das ist das eigentliche Problem mit meiner französischen Aushilfs-Wegbeschreibung: Die Wege aus den Orten heraus sind sehr eigenwillig erklärt. Bedous ist das erste, aber nicht das letzte Dorf, bei dem ich mit den Worten „Gehen Sie nach Süden" nicht viel anfangen kann. Der Weg ist zwar mit Muscheln und den weißroten Streifen des Fernwanderweges GR65 markiert, aber diese befinden sich gerne an vieldeutigen Stellen. So lande ich nicht auf dem Jakobsweg, sondern beim Wasserfall „Weinende Steine", der immerhin noch ganz hübsch ist. Das gleiche Spiel in Jouers, das wegen des romanischen Kirchleins einen Umweg wert sein soll – es ist allerdings verriegelt und verrammelt und niemand weit und breit zu sehen – und in Accous, wohin mich wieder nicht meine Wegbeschreibung, sondern die Landstraße bringt und wo jegliche Markierung einfach aussetzt. „Gehen Sie nach Osten", sagt meine Fotokopie, und wo genau (nicht ungefähr), bitteschön, ist Osten? Ein weiterer Fehlversuch, diesmal leider bergauf, noch mehr „Excusez-moi" – wie sagt man das bloß ab morgen auf Spanisch? – und wie freue ich mich auf den deutschsprachigen Wanderführer, den ich ab Somport benutzen kann! Auf keinen Fall gehe ich die letzte Etappe zum Somport zu Fuß, nicht mit dieser Wegbeschreibung!

Zwischendurch meldet sich mein Knie, nicht das linke – von dem ich es erwartet hätte – sondern das rechte, und teilt mir deutlich mit, dass es keinen Bock mehr hat. Ich auch nicht. Erst die Hälfte der Etappe geschafft, der halbe Tag vorbei, seit Stunden versuche ich, Kilometer zwischen mich und Bedous zu bringen, außer mir keine Menschenseele unterwegs – und schon gar keine Pilger –, das verdammte Knie pocht und hämmert, und nun geht der Weg auch noch mehrere Kilometer an der Nationalstraße entlang. Die Berge sind hoch, ich bin klein, die Straße ist kurvig, das Knie hat definitiv keine Lust mehr, und ich habe keine Ahnung, wie ich es jemals nach Santiago schaffen soll. Momentan will ich nur noch nach Cette-Eygun, das ist der letzte Ort vor meinem Etappenziel Borce. Da kann ich meine Wasserflasche auffüllen, und dann sind die letzten paar Kilometerchen ein Kinderspiel.

Meine prima Wegbeschreibung lotst mich irgendwann von der Straße weg über eine Brücke auf die andere Seite der Aspe. Ein Hohlweg, sehr idyllisch, und ein Muschelwegweiser, ich bin also richtig. Gutes Gefühl! Der Hohlweg führt bergab und bergauf, ich bin froh und dankbar über meinen Stock, sehe auf der anderen Seite die Häuser von Cette-Eygun vorbeiziehen … Moment! Da wollte ich doch hin! Wasser auffüllen, Knie ausruhen … Cette-Eygun ist auf der einen Seite des Tales, ich auf der anderen, zwischen uns liegen die rauschende Aspe, zwei Abhänge und die Straße, und obwohl ich das angesichts des Gestrüpps auf meinem Weg gar nicht glauben mag, bin ich immer noch richtig. So viele Muschelwegweiser habe ich den ganzen Tag über noch nicht gesehen!

Ich überquere eine Wiese, wobei ich mit meinem Stock wie mit einer Machete um mich schlage, um mir den Weg frei zu räumen. Dieser Teil kommt in meiner Fotokopie definitiv nicht vor, aber wenn es sich um den Jakobsweg handelt – und die Wegweiser beweisen es – muss ich früher oder später in Borce ankommen. Der schmale Weg führt glitschig steil bergauf und glitschig steil bergab. Irritierenderweise wird er von Pferdeäpfeln geschmückt – also wenn die hier entlang getrabt sind, dann will ich mich mal nicht so anstellen. Irgendwann entdecke ich vor mir zwischen all dem Gestrüpp die Ruine eines Hauses. Und daraus dringt … das Jaulen eines Hundes. Die kleine Pilgerin bleibt einen Augenblick lang versteinert stehen, dann beschließt sie, dass sie keine Tierfreundin ist – und auch nicht an Gespenster glaubt, schon gar nicht unter strahlendblauem Himmel – und sieht zu, dass sie weiterkommt.

Der letzte Muschelwegweiser liegt bereits eine Weile zurück, und ich fange an mich zu fragen, ob ich nicht vielleicht doch wieder falsch bin. Andererseits könnte jede Abzweigung hier nur links über den Fluss oder rechts den Hang hochführen – als es mir abermals aus dem Gestrüpp entgegen leuchtet: gelbe Muschel auf blauem Grund. Ein paar Schritte weiter ist der Weg definitiv zu Ende. Ein Zaun versperrt den Weg oberhalb des Flusses, und der Zugang zur Holzbrücke, die links über die Aspe und zur Straße führt, ist mit einem Wellblech verhängt. Das kann doch nur ein Scherz sein! Ich ziehe und schiebe an dem Wellblech, nichts passiert. Die Brücke dahinter wirkt vollkommen intakt, und ich habe ganz sicher nicht vor, jetzt zurück zur Straße zu latschen, bergab und bergauf, an dem jaulenden Hund vorbei, und dann den Weg nochmal zu laufen. Meinetwegen kann die Brücke unter mir zusammenbrechen, das ist mir ganz egal. Ich hieve mich, den Rucksack, meinen Stock und das schmerzende rechte Knie über die Absperrung. Die Brücke bricht nicht unter mir zusammen, dafür irritiert mich ein Schild an einem der Pfeiler, mit dem Monsieur und Madame ihren vor vier Jahren beim Wandern in den Pyrenäen verschollenen Sohn suchen. Uh. Unheimlich. Nichts, was man seiner besorgten Mutter erzählt.

Hinter der Brücke geht es tatsächlich zur Straße hoch. Steil. Lustig, wenn man bedenkt, wie schlau mir mein Plan erschien, die Pyrenäen auf der einen Seite hinaufzufahren und auf der anderen wieder hinunterzulaufen. Irgendwo habe ich auch gelesen, dass die Pilger, die in St. Jean Pied de Port starten, durch den großen Schwierigkeitsgrad der ersten Etappe nach Roncesvalles „ein ganz besonderes Zusammengehörigkeitsgefühl entwickeln". Da kann ich ja nur lachen! Zwei Tage mit einer französischen Wegbeschreibung in den Pyrenäen, und man hat genug Schwierigkeiten! Und zwar ganz alleine!

Am Ende komme ich tatsächlich in Borce an, das, wie sollte es anders sein, nochmal einen kleinen Anstieg oberhalb der Straße am Berghang klebt. Ich bin so fix und fertig, dass ich die Pilgerherberge am Ortseingang übersehe und mich im Gîte d'Etappe neben der Kirche einquartiere. Eine gute Wahl, geräumig, sauber, vernünftige Badezimmer. Außer mir sind nur noch drei schweigsame Franzosen und zwei junge Engländer da, alle keine Pilger, sondern „normale" Wanderer. Die Engländer beeindrucken mich nachhaltig, weil sie sich tatsächlich ein mehrgängiges Abendessen kochen – bei mir gibt es nur Baguette mit Käse und Schinken – und dabei so exotische Dinge wie Eier aus ihren Rucksäcken hervorzaubern.

Ich glaube nicht, dass ich je wieder so alleine durch die Gegend laufen werde wie heute, dass ich mich je wieder an einem einzelnen Tag so oft verlaufen werde, dass ich je wieder der einzige Gast eines freundlichen Monsieurs in einem Kloster sein werde. Der heutige Tag war anstrengend, aber er war auch, wie der gestrige, ein wunderbares und vollkommen unerwartetes Geschenk. Wie immer es weiter geht mit dem Jakobsweg und mir: Meine beiden Bonus-Wandertage in Frankreich werden mir unvergesslich bleiben.

Villanúa, 22. Juni

Die Pilgerin macht sich. Sie ist jetzt etwa sechzig Kilometer gelaufen, in drei Tagen. Kinderkram, mögen Hardcore-Pilger sagen, die dieselbe Strecke in zwei Tagen erledigen. Aber Hardcore-Pilger sind auch nicht völlig konditionslos, sie haben kein lahmendes rechtes Knie und nicht so viel Zeit wie ich, sie legen keine Extra-

Etappen in den Pyrenäen ein und machen auch nicht ständig einen Foto-Stopp. Aber der Reihe nach.

Nach dem Frühstück in Borce spaziere ich hinüber zum auf der anderen Seite der Nationalstraße gelegenen Dörfchen Etsaut. Dort fährt in einer Dreiviertelstunde der Somport-Bus ab, und wie mir der Haltestellenaushang mitteilt, fährt er an diesem Tag wegen irgendwelcher Bauarbeiten eine halbe Stunde später als gewöhnlich. Allmählich beschleicht mich das Gefühl, dass irgendjemand meine Ankunft auf dem Somport-Pass mit allen Mitteln verhindern will. Vielleicht soll auch nur mein Durchhaltevermögen getestet werden.

Ich halte durch. Es gibt schließlich schlimmere Dinge, als an einem sonnigen Morgen auf einem französischen Dorfplatz zu sitzen. Kuhglocken bimmeln von den Berghängen herab, der Brunnen plätschert. Ein braungebrannter Radfahrer kommt angesaust, dreht eine Runde um den Platz. Radler haben mich bisher immer sehr freundlich gegrüßt – vermutlich denken sie: Gottseidank jemand, der noch bekloppter ist als wir – aber dieses Exemplar ignoriert mich gepflegt.

Ein Trüppchen Holländer marschiert vorbei, beladen mit den riesigsten Rucksäcken, die ich je gesehen habe. Einen Meter scheinen die Dinger über die Köpfe ihrer Träger hinauszuragen. Was haben die bloß da drin? Mit so etwas auf dem Rücken würde ich nicht einmal über die Straße kommen, geschweige denn durchs Gebirge. Die Holländer – auch keine Pilger – laufen weiter, ein hübscher weißer Hirtenhund, wie ich sie in den letzten beiden Tagen so oft gesehen habe, spaziert über den Platz. Dann kommt irgendwann mein komplett leerer Bus. Ich zeige dem Fahrer meine Fahrkarte vom Samstag, erkläre, was passiert ist – dank der Übung der vergangenen Tage kann ich das inzwischen sehr flüssig – und darf ohne neues Ticket einsteigen.

Schon nach zwei Tagen zu Fuß finde ich es eigenartig, im Bus zu sitzen. Kaum haben wir den Ort verlassen, taucht linkerhand ein Pilgertrüppchen auf – unverkennbar die Muscheln am Rucksack! –, das sich tapfer die Nationalstraße hoch kämpft. Schnell regt sich mein schlechtes Gewissen … was bin ich für ein Weichei … wäre ich doch auch die letzte Etappe zum Somport gelaufen! Zwei Serpentinen weiter begegnet der Bus in einer Kurve einem LKW, und ich weiß: Nein, ich hätte nicht laufen sollen. Ich will die ganze Geschichte hier nämlich lebend überstehen! Und überhaupt: Bis vor zwei Tagen war noch gar nicht die Rede davon gewesen, auf der französischen Pyrenäen-Seite zu laufen. Ich bin also tatsächlich im Begriff, mir ein schlechtes Gewissen zu machen, weil ich etwas nicht tue, das ich nie vorhatte zu tun. Mein Gewissen und ich, wir müssen noch viel lockerer werden!

Unterdessen schlängelt sich der Bus zum Pass hinauf. Schneefelder liegen noch auf einigen Gipfeln, die Aussicht nach vorne – Spanien – und nach hinten – Frankreich – ist gleichbleibend grandios. Der Bus fährt durch die alte Grenzstation und hält vor der Herberge. „Bonne route!" wünscht der Fahrer, während ich mich aus seinem Bus stürze. Somport! Ich bin wirklich angekommen! An dem Ort, der trotz allem irgendwie der Ausgangspunkt meiner Reise ist. So steht es in meinem Pilgerausweis, die letzten beiden Tage waren ja nur ein Prolog. Ich könnte schon wieder heulen. Dann laufe ich zu dem Gebäude, das hier auf tausendsechshundert Meter Höhe am Abhang: Bar und Herberge Aysa. Ich will einen Stempel, dasselbe Missgeschick wie in Oloron passiert mir nicht noch einmal.

An der Bar bedient ein desinteressierter Jüngling, der mir wortlos den Stempel ins Credencial drückt. Offensichtlich ist er um Fassung ringende Irre hier oben gewohnt. In der Bar gibt es eine Toilette, und wenn man eines als Pilger lernt, dann: Nutze jede Gelegenheit auf Klo zu gehen – wenn sie vertrauenswürdig ist. Die 50-Cent-Toilettengebühr, die für Nicht-Gäste anfallen – ich bin viel zu aufgeregt, um hier noch einen Kaffee, eine Orangina oder sonst irgendwas zu trinken – weist der junge Mann aber vehement zurück. In meiner Aufregung verwechsle ich auf dem Weg nach draußen die Türen, mit der Folge, dass der Knabe mich jetzt endgültig für bekloppt hält. Egal. Der hat auch nicht seit vier Monaten auf diesen Augenblick gewartet: Ich fotografiere bei strahlendem Sonnenschein und traumhaftem Bergpanorama die erste Wegmarke, den offiziellen Beginn des Jakobsweges in Spanien. Leider ist einmal mehr außer mir niemand zu sehen, sodass das Erinnerungsfoto mit mir selbst ausfallen muss.

Und dann, Uhrenvergleich: Elf Uhr fünfzig, spaziere ich los. Die Wegbeschreibung kann ich auswendig aus meinem Wanderführer nachsprechen, so oft habe ich sie gelesen: *„Zunächst über eine Treppe, dann auf einem Trampelpfad gelangen wir zu den Ruinen des Pilgerklosters Santa Cristina am Rande des Ortes Candanchú. Candanchú ist einer der ältesten Wintersportorte in den Pyrenäen, allerdings wenig reizvoll."* Die Klosterruinen sind winzig, die Häuser in dem Ort groß und hässlich. Was für ein Gegensatz vor der prächtigen Bergkulisse!

Anschließend geht es auf sanften Bergpfaden mehr oder weniger sanft bergab. Der Weg ist ausgezeichnet markiert mit Muschelwegweisern, gelben Pfeilen und den weißroten Streifen des GR65. Gar kein Vergleich zu gestern! Der Wanderführer kann getrost in der Tasche stecken bleiben. An der einzigen Stelle, an der ich nicht richtig hingeschaut habe, begegnen mir drei spanische Wanderer und schieben mich auf den richtigen Weg zurück. Dieser führt zwischenzeitlich recht steil bergab – gut, dass die spanische Armee an der Felswand gegenüber gerade eine Übung abhält, da ist Erste Hilfe gewährleistet, sollte ich sie brauchen.

Es geht über eine Wiese in einen Wald, die Berge sind immer noch da, der Rio Aragón rauscht. Dann über eine Kuhweide … das ist ja wohl ein Scherz! Ich weiß, dass das vollkommen irrational ist, aber vor Kühen habe ich Angst. Vorgestern bin ich extra einen kleinen Umweg gelaufen, um so eine Weide nicht überqueren zu müssen, aber heute geht das nicht. An den Kühen und der Wiese führt kein Weg vorbei. Der Vorteil beim Alleinwandern: Niemand kann sich hinterher darüber lustig machen, dass ich den braunen Kühen, die ich persönlich für wilde, gefährliche, aggressive Tiere halte, „Über sieben Brücken musst du geh'n" vorsinge. Kaum bin ich an ihnen vorbei und beglückwünsche mich zu meiner Heldentat, da schnürt keine fünf Meter vor mir ein Fuchs über den Weg. Ein Fuchs?! Wir starren einander sekundenlang verwirrt an, bis er ins Unterholz flüchtet.

Nach den Kühen verschwindet der Weg in einem Bärenklaufeld. Zwei Meter hoch ranken die Pflanzen auf den schmalen Pfad, den ich nur wiederfinde, indem ich einmal mehr mit meinem Stöckchen wie mit einer Machete um mich schlage. Ich komme mir vor wie Indiana Jones.

Irgendwann taucht unter mir im Tal der Bahnhof von Canfranc Estación auf, der der Redensart vom „großen Bahnhof" einen ganz neuen Sinn gibt. Er ist riesig, zweihunderteinundvierzig Meter lang, teilt mein Wanderführer mir mit, und hat dem mittlerweile eingestellten Eisenbahnverkehr nach Frankreich gedient. Am Bahnhof entlang zieht sich der sanft in der Siesta entschlummerte Ort. Vor der Touristen-Info befindet sich ein schattiger Brunnen in Muschel-Deko mit Trinkwasser – genau das, was ich jetzt brauche. Ich lade meinen Rucksack ab, mache Picknick mit dem, was meine Lunchbox noch hergibt, fühle mich wohl und zufrieden, als ein braungebrannter Radfahrer an mir vorbeizischt. Das gibt's doch gar nicht! Das ist derselbe Radler, der heute Morgen in Etsaut die Runde über den Dorfplatz gedreht hat! Während ich in den letzten vier Stunden Bus gefahren bin, Schmetterlinge und Bergpanoramen fotografiert und Kuhweiden überquert habe, ist der Typ die Pyrenäen auf der einen Seite hoch und auf der anderen wieder herunter gestrampelt. Da haben wir's: Ich bin doch ein Weichei.

Hinter Canfranc Estación geht es ein Stück an der Straße entlang, denn links hinunter zum Rio Aragón, der hier von einem Staudamm in Schach gehalten wird, bis als Nächstes mit Canfranc Pueblo ein weiterer verschlafener Ort erreicht wird. Gleichzeitig ist dies die letzte Ortschaft vor meinem Tagesziel Villanúa. Die letzten Kilometer durch offenes, steiniges Gelände ziehen sich endlos hin, es ist wirklich heiß, zweihundert Meter vor mir spaziert eine Schulklasse herum und bietet mir mehr als einmal einen guten Vorwand für eine Pause, um Wasser zu trinken und den Abstand zu halten. In einer Kurve überhole ich die Schulklasse dann doch, und kaum bin ich vorbei, höre ich das Gebrüll: „Una peregrina! Una peregrina! Ein rosa Elefant! Ein rosa Elefant!"

Auf den letzten Kilometern steigere ich mich in Fantasien über das wunderbare Abendessen, das ich mir heute verdient habe. Nicht wieder Schinken-Käse-Baguette, sondern eine richtige, vernünftige, umfangreiche Mahlzeit mit einem knackigen Salat, einem fleischhaltigen Hauptgang und einem leckeren Nachtisch. Und dazu: Gesellschaft. Nach drei Tagen Alleinwandern in den Pyrenäen ohne auch nur einen einzigen Co-Pilger zu treffen ist mir definitiv nach Gesellschaft. Deutschsprachig, da ich ja schon beim Träumen bin. Mit all den Eindrücken und Erlebnissen steigt mein Mitteilungsbedürfnis, und obwohl ich das auch auf Englisch und Französisch ausleben könnte, ist mir heute irgendwie nach muttersprachlicher Gesellschaft. Die Geschichte von den Kerkeling'schen Wünschen ans Universum fand ich immer etwas sonderbar, aber nichtsdestotrotz beschließe ich, die Sache mal in der Praxis auszuprobieren. Also teile ich dem Universum mit: „Ich hätte gerne ein fleischhaltiges Abendessen und dazu deutschsprachige Gesellschaft."

Endlich komme ich in Villanúa an – und stehe vor einer geschlossenen Herberge. „Geöffnet ab 19.00h" steht auf einem Schild. Neunzehn Uhr? Schon wieder so ein Scherz. Um neunzehn Uhr ist kein Pilger mehr unterwegs. Laut meinem schlauen Wanderführer soll die Herberge rund um die Uhr geöffnet sein! Im Ort ist niemand zu sehen, und selbst wenn, was mir auf Französisch leicht fiele, ist auf Spanisch ein ganz anderer Schnack. Bis neunzehn Uhr sind es noch zwei Stunden, vor der Herberge ist ein schattiges Plätzchen, Wasser habe ich genug, warte ich halt hier.

Kaum habe ich den Rucksack abgesetzt, spaziert ein Pärchen um die Ecke, offensichtlich ebenfalls Wanderer – und Landsleute! Sie können mir sagen, dass die eigentliche Herberge voll ist   eine Schulklasse, wer hätte das gedacht? –, im Hostal über der Bar aber noch Platz ist. Der Wirt würde gleich kommen. Der Wirt trifft tatsächlich kurz darauf ein und bietet mir für neunundzwanzig Euro ein Einzelzimmer mit eigenem Bad, Frühstück und Abendessen an.

Einige Stunden später und nach einem großen Dank ans Universum sitze ich vor einem Teller Schweinekoteletts und plaudere mit meinen Landsleuten. Sie sind aus Lübeck und sind mit dem frühen Bus von Oloron nach Somport gefahren, sie hatte auch Angst vor den Kühen, er fand den Riesen-Bärenklau beeindruckend. Ansonsten sind sie mit dem Zelt unterwegs, wollen eigentlich wild campen und in den nächsten zweieinhalb Wochen bis Burgos laufen. Die gute Nachricht: Bis Burgos sind es nur noch dreihundertfünfzig Kilometer. Die schlechte Nachricht: Von Burgos bis Santiago sind es dann immer noch fünfhundert Kilometer.

Jaca, 23. Juni

Ich bin bei den Pilgern angekommen. Heute Mittag, eine Stunde vor Jaca, an dem einsamen Haus mit den roten Fensterläden, den Jakobsmuscheln am Garagentor und den spielenden Kätzchen im Garten, da bog er um die Ecke: der erste Co-Pilger! (Die beiden Lübecker zähle ich nicht mit, da sie noch kein Credencial hatten). Und gleich darauf: Nummer zwei und drei. Harte Jungs, die früh am Morgen in Somport gestartet sein müssen, während andere Leute noch gemütlich in ihrem Einzelzimmer ihrem MP3-Player gelauscht haben.

Gemäß meinem festen Vorsatz, heute eine kurze Wohlfühl-Etappe einzulegen, spaziere ich nach einem späten Frühstück in zwei Stunden von Villanúa nach

Castiello de Jaca: abgemähte, duftende Wiesen, ein wenig Rio Aragón, tanzende Schmetterlinge, ein Berg mit kleinen Schneefeldern immer im Rücken. Das Einzige, was mich an dem Zwischenstopp in Castiello de Jaca interessiert, ist der Brunnen. Mehr hat der Wanderführer auch nicht zu dem Ort zu sagen. Und dann das: Hinter den Schindeldächern des Ortes erhebt sich vor strahlendblauem Himmel der nächste Tafelberg. Schaut man zurück, an dem romanischen Kirchlein vorbei, fällt der Blick auf den Berg mit Schneefeldern. Vor der Kirche und dem Bergpanorama befindet sich ein gepflegter kleiner Platz mit Bänken und einem Beet, in dem Lavendel und Stockrosen blühen. Menschen gibt es hier mal wieder nicht, außer zwei schick frisierten älteren Damen in geblümten Kittelkleidern, die mir am Ortseingang begegnet sind.

Die wunderbare Aussicht und der hübsche Platz sind für mich ein guter Grund, Schuhe, Strümpfe und Rucksack abzuwerfen und eine ausgedehnte Pause zu machen. Von dem Lavendel breche ich mir später ganz unpilgerhaft ein Zweiglein ab und stecke es an meinen Rucksack. Wäre jemand da gewesen, ich hätte um Erlaubnis gefragt. Kann ich etwas dafür, dass diese Orte so ausgestorben sind?

In Jaca hat die Herberge noch geschlossen, und während mehrere spanische Pilger und die eine deutsche Pilgerin im schattigen Innenhof warten, lerne ich, was ein Pilger nach getaner Tippelei tut: Er zieht sich Schuhe und Strümpfe aus (darauf bin ich noch von alleine gekommen). Dann holt er sein Erste-Hilfe-Set aus dem Rucksack (habe ich nicht) und bastelt an seinen Blasen herum (habe ich auch nicht).

Kaum hat die Herberge geöffnet, rennt alles unter die Gemeinschafts-Duschen. Ich verkrümel mich erst einmal an den kostenlosen Internet-Terminal und schicke eine verwirrte Email nach Hause. Anschließend sind die Gemeinschafts-Duschen wunderbar leer, während alle anderen an die beiden Internet-Terminals drängen. Meine Co-Pilger sind tatsächlich alle miteinander Spanier, und da meine letzte Stunde Spanisch-Unterricht fünfzehn Jahre zurückliegt, beschränkt sich der Kontakt vorerst auf freundliches Kopfnicken.

Jaca ist eine hübsche Stadt mit einer unheimlichen romanischen Kirche. Ich spaziere einmal an der Zitadelle entlang, in deren Graben ein Rudel Hirsche lebt, und statte einem echten Supermarkt einen Besuch ab. Mein Wanderführer sagt: Letzte Einkaufsmöglichkeit für die nächsten achtzig Kilometer, also kaufe ich Unmengen von Energieriegeln, Obst und anderem Zeug, das ich unmöglich schleppen oder bis morgen aufessen kann. Bei meiner Rückkehr ist die Herberge leer, außer mir hat niemand das Bedürfnis, sich in der Küche ein Abendessen zu kochen, und erst als ich später auf der Galerie sitze, die um den Innenhof führt, erfahre ich den Grund: Übermorgen ist ein großer Festtag, und heute finden bereits Umzüge in den Straßen statt. Diese verdammte Sprachbarriere! Hätte ich bloß vor der Abreise einen Spanisch-Kurs gemacht! Nach vier Tagen Einsamkeit fange ich an frustriert zu sein.

Arrés, 24. Juni

Meine erste Nacht im Gemeinschaftsschlafsaal in Jaca: Dank Ohropax schlafe ich ganz gut, aber als um Punkt sechs Uhr das berühmte Rascheln und Wühlen einsetzt, werde ich doch wach. Ich höre mir das eine Weile vom Bett aus an und mische erst mit, als ein Großteil der Pilger schon aufgebrochen ist. Mittendrin fängt ein Handy-Wecker an zu klingeln, wird lauter und lauter und lauter, ohne abgestellt zu werden. Die Señora aus dem Bett mir gegenüber verdreht die Augen, einer ihrer beiden Begleiter sagt: „Alemanes!" – anscheinend waren doch Landsleute da.

Als ich um Viertel nach sieben die Herberge verlasse, bin ich fast die Letzte – und auf jeden Fall die Einzige, die sich zumindest fünf Minuten Zeit fürs Frühstück genommen hat. Auf dem Weg aus Jaca heraus verliere ich die gelben Pfeile mal wieder völlig, bis mich ein netter Señor am Ellenbogen nimmt und auf den rechten Weg zurückführt. Wie konnte ich die Pfeile übersehen? Der Weg war gut markiert. Meine schlechte Laune verfliegt bald, nachdem die gelben Pfeile mich auf einen Feldweg gelotst haben.

Es ist wunderbar morgens zu laufen, inzwischen ist es neun, aber immer noch nicht so heiß, richtig angenehm, ich kann es gar nicht abwarten, morgen wieder früh zu starten, und huch, was liegt denn da unter dem Baum? Zwei nackte braune Füße auf einer Isomatte. Ein braungebrannter, weißhaariger Pilger telefoniert mit Deutschland. Wir grüßen „Buen Camino!" – „Buen

Camino!", er telefoniert weiter, ich wandere weiter und wundere mich. Siesta um diese Uhrzeit – an solchen Tagen nutzt man doch die kühlen Morgenstunden und läuft los! Ein Stückchen weiter überquere ich eine Furt auf Trittsteinen mir würde ja mittlerweile etwas fehlen, wenn das nicht einmal pro Etappe vorkäme! –, laufe anschließend links statt rechts und lande in einem hübschen, aber leider falschen Tal. Ausnahmsweise ärgere ich mich nicht über den Umweg – der auch wirklich nur meiner eigenen Verträumtheit zuzuschreiben ist – denn das Tal mit der malerischen Ruine an den grünen Hängen und der Wiese voller Feldblumen ist wirklich nett anzuschauen.

Auf den rechten Weg zurückgekehrt, habe ich mir eine Frühstückspause verdient – prompt überholt mich der Handy-Pilger. Unglaublich, der Mann muss an die siebzig sein, schleppt schwankend und ohne Stock einen Rucksack mit Zelt und Isomatte durch die Gegend und hat am Gürtel Handtuch, Taschenmesser und Einkaufstasche hängen. Ich grüße ihn auf Deutsch – mir ist definitiv nach Gesellschaft. Das nächste Mal treffen wir uns auf der Wiese hinter dem Hotel Aragón. Er sucht den Weg, ich habe den gelben Pfeil schon entdeckt, und so kommen wir ins Gespräch. Rentner Rudi hat nicht nur Voltaren-Salbe für mein schmerzendes rechtes Knie, sondern auch viel Pilgererfahrung. Er läuft jetzt zum dritten Mal, gerne würde er auch mal die ganze Strecke von Zuhause in Nürnberg aus laufen, aber dagegen spricht: Dann wäre er zu lange von seiner Frau getrennt. Die gestattet seine Extratouren auch nur, weil er sie jeden

Morgen um Punkt neun anruft. Ach so! Daher also die frühe Telefonsiesta. Neben dem diesjährigen Camino plant er auch eine Tour durch die USA, fünftausend Kilometer mit dem Fahrrad. Da darf die Gattin allerdings mit, im Begleitfahrzeug.

Rentner Rudi, meine erste echte Pilgerbekanntschaft, beeindruckt mich durch sein Gottvertrauen, seinen Glauben und seine Gelassenheit. Er hat ein Zelt dabei – „Da bin i' autark" – und wegen der angeblich ständig überfüllten Herbergen soll ich mir auch keine Sorgen machen: „Dann schmeißt halt dei' Isomatten in a Maisfeld nei'!"

Außerdem ist er fest davon überzeugt, dass ich es bis Santiago schaffen werde. Ich kann mich seinem Optimismus noch nicht ganz anschließen. Er unterhält mich bis Santa Cilia, und nachdem wir uns gegenseitig am lokalen Pilgerdenkmal fotografiert haben, fragt er: „Na? Tut's Knie noch weh?" – Ich: „Nee, gar nicht." – Er grinsend: „Siehst? Weil's so gut abg'lenkt warst!" Er macht in Santa Cilia Pause, ich schmeiße mich hinter Santa Cilia zur Siesta in ein Weizenfeld. Kein Wunder also, dass wir uns an diesem Tag noch dreimal abwechselnd überholen, bis wir uns kurz vor der Abzweigung nach Arrés endgültig voneinander verabschieden. Er will weiter, wild campen. Schade, wir werden uns wohl nicht wiedersehen.

Arrés liegt auf einem Hochplateau und ist über einen angeblich drei Kilometer und gefühlt sechs Kilometer langen Pfad zu erreichen, der sich am Berg entlang schlängelt, derweil rechterhand in der Ferne immer noch die schneebedeckten Pyrenäen glitzern. Vor den Pyrenäen ein bewaldetes Vorgebirge, dazwischen die von Weizenfeldern durchzogene Ebene des Rio Aragón, der sich durch sein steiniges Bett wälzt. Und wenn der Pfad sich zum hundertsten Mal um den Berg geschlängelt hat, ist man plötzlich in Arrés. Dort steht die Luft in der glühenden Nachmittagshitze. Ein Hund hat sich unter ein Auto verkrochen, ein Kätzchen verbirgt sich in einem schattigen Hauseingang.

In der Herberge wartet erstens der weißhaarige Hospitalero, der mir sehr viel auf Spanisch erzählt – ich nicke freundlich und sage zu allem sí und gracias –, zweitens die drei Fußpuhler aus Jaca, die ich inzwischen in „Boygroup" umgetauft habe, und drittens die Señora aus dem Bett gegenüber mit ihren beiden Begleitern. „La chica de Jaca" erkennt die Boygroup und wirkt dabei ziemlich überrascht. Wieder bin ich allein unter Spaniern, aber anders als in der größeren Herberge in Jaca verschwindet die Sprachbarriere hier sehr schnell. Señora aus dem Bett gegenüber heißt Marisol und ist mit ihren Brüdern unterwegs. Ich selbst werde Regina getauft, weil niemand meinen Namen aussprechen kann. Nach den üblichen Tätigkeiten – Duschen, Wäsche waschen, Beine hochlegen – spaziere ich durch das Dorf. Auf ein intaktes und liebevoll hergerichtetes Gebäude kommt ein verfallenes. Zusammen mit dem grandiosen Ausblick beiderseits in die Täler ergibt das ein dekoratives Gesamtbild.

Es ist immer noch brüllend heiß, und die schattigste Stelle des ganzen Ortes ist ohne Zweifel der kleine Platz vor der Herberge, wo sich außer mir und meinem Tagebuch nach und nach auch die anderen Pilger einfinden. Ein spanisches Ehepaar – Fede und Mila – trifft noch ein, die Hospitalera setzt sich zu uns, plaudert mit jedem, auch mit mir, denn meine Behauptung „No hablo español" wird hier ganz allgemein als Beweis dafür angesehen, dass ich durchaus Spanisch spreche. Und gerade als ich feststelle, dass der Gedanke, einen weiteren Abend allein unter Spaniern zu verbringen, gar nicht mehr so furchtbar ist wie in Jaca, taucht ein weiteres Pilgerpaar auf dem Weg auf. Ich zwinkere, ich blinzele: Das kann doch gar nicht sein! Doch: Es sind tatsächlich die Lübecker aus Villanúa. Die hatte ich allerdings mitsamt ihrer Camping-Ausrüstung kilometerweit vor mir vermutet. Sie haben hinter Jaca auf dem Campingplatz übernachtet, sind heute erst um neun gestartet und damit noch mehr in die Mittagshitze gekommen als ich.

Während sie in der Herberge einchecken, betrachten die Spanier staunend ihre riesigen Rucksäcke inklusive drei Liter Wasservorrat pro Person. Die Spanier, das ist mir schon in Jaca aufgefallen, sind nämlich alle miteinander mit sehr leichtem Gepäck unterwegs. Eine Isomatte schleppt da keiner durch die Gegend, und die Rucksäcke beschränken sich auf vierundzwanzig Liter Volumen. Die Lübecker Rucksäcke sind dreimal so groß und enthalten, wie ich später erfahre, neben Zelt und Gaskocher Dinge wie einen zweiten Pullover – falls es beim Campen nachts kalt wird – und einen Zahnputzbecher. Zahnputzbecher? Ich denke an meinen blauen Emaillebecher, der mir seit fünf Tagen gute Dienste leistet als Zahnputzbecher, Saftglas und Teetasse. Einen Emaillebecher, sagt Frau Lübeck, habe sie zusätzlich dabei.

Die Hospitalera holt nach und nach jeden Pilger ins Haus, um ihr beim Kochen zu helfen (ich komme mit Tomatenschneiden davon), dann dürfen die Männer einen Tisch auf dem Vorplatz aufstellen, ein kariertes Tischtuch wird ausgebreitet, eine Blumenvase darauf gestellt. Die Damen decken ein, die Herren tragen Stühle herbei. Ein verspäteter Radpilger kommt noch an und springt unter die Dusche, während alle anderen zum Abendessen Platz nehmen. Die Hospitalera spricht ein kurzes Gebet.

Es gibt Paella und Salat, Spanien plaudert fröhlich drauf los, Deutschland versucht, irgendwas zu verstehen. Irgendwann zählt einer von Marisols Brüdern die Anwesenden durch und bemerkt, dass alle da sind, die er heute unterwegs getroffen hat. Nur der wackelige alte Mann würde fehlen, den hatte er zuletzt auf einem Stein sitzend im Wald gesehen. Es stellt sich heraus, dass die meisten ihn dort zuletzt gesehen haben, nur Fede und Mila hatten ihn noch auf der Brücke in Puente la Reina getroffen. Dort hatte ich mich auch von ihm verabschiedet. Reizend, dass sie sich um ihn Sorgen machen! Mit Händen und Füßen und einigen italienischen Vokabeln erkläre ich, dass Rentner Rudi am liebsten unter dem Sternenhimmel schläft. Ansonsten, fürchte ich, würde noch ein Suchdienst aktiviert werden in dieser an Menschen und Herbergen armen Gegend.

Zum Nachtisch gibt es Melonen, und danach schließen die Hospitaleros uns das alte, unscheinbare Kirchlein auf, das von innen sehr liebevoll gepflegt ist. Nach der Besichtigung führen sie ihren Pilgertrupp zum Aussichtsstein über dem Tal, wo wir gemeinsam den Sonnenuntergang anschauen.

Meine Dankbarkeit für diesen Bilderbuch-Pilgertag ist riesengroß. Und noch etwas stelle ich fest, als ich mich in meinen Schlafsack kuschele: Der Tag Vier, an dem ich meiner Selbsteinschätzung nach platt in den Pyrenäen liegen sollte, ist lang vorbei. Heute war Tag Fünf, ich bin bei Temperaturen von über dreißig Grad fünfundzwanzig Kilometer mit einem acht Kilo schweren Rucksack durch die Gegend gelaufen, und ich habe keinen Muskelkater, keine Blasen, keine Rückenschmerzen, selbst mein Knie hat sich wieder beruhigt, ich bin nicht vollkommen erschöpft: Am Ende hat Rentner Rudi recht und ich komme doch in Santiago an.

Ruesta, 25. Juni

Radfahrer Pedro im Etagenbett über mir hat heute Nacht sieben Wandersleute wach geschnarcht – da halfen auch meine Ohropax nichts mehr. Ausgerechnet er ist der Erste, dem ich an diesem Morgen in der Küche begegne.

Mit einem strahlenden „Buenos días" und „Qué tal" werde ich begrüßt – und weil ich (noch) keine Ahnung habe, was „schnarchen" auf Spanisch heißt, murmel ich nur mein standardmäßiges „Muy bien, muy bien". Wenig später, beim Packen und Frühstücken mit den Spaniern, lerne ich dann die Vokabel, die kein Pilger jemals wieder vergisst: „roncar".

Ich habe nur ein einziges Foto von Arrés gemacht. Kein Bild der Welt könnte diesen Frieden, diese Atmosphäre, diese Aussicht, diese Geräusche und diese Gastfreundschaft wiedergeben. Den wunderbaren letzten Abend werde ich ohnehin nie vergessen. Meine Dankbarkeit ist so groß, dass ich nach dem Frühstück alle meine Spanisch-Vokabeln zusammennehme, um dem Hospitalero und seiner Frau - die jeden Pilger mit Handschlag und Küsschen verabschieden - zu sagen, was für ein besonderer Abend dies für mich war. Als ich schließlich um sieben aufbreche, sind die Spanier alle miteinander schon unterwegs. Nur die beiden Lübecker nutzen die Ruhe nach Pedros Verschwinden und schlafen noch eine Runde.

Die heutige Etappe ist nicht so schön zu wandern. Das liegt weniger an der relativ langen Strecke und auch nicht ausschließlich an der Hitze. Das rechte Knie macht wieder Zicken (morgen in Sanguesa gibt es Voltaren-Salbe), und ich ärgere mich immer mehr über meinen Wanderführer. Die sogenannten Höhenprofile sind wirklich ein Witz, denn es geht ständig bergab und bergauf, und die Bewertung „leicht" trifft vielleicht an einem milden Herbsttag zu, nicht aber an einem schwülen Sommertag. Mein schöner Plan, wie gestern eine ausgiebige Mittagssiesta zu machen, fällt mangels schattiger Plätze ins Wasser, und der einzige schattenspendende Busch, den ich finde, entpuppt sich als Mückenfalle.

Die Landschaft besteht bis Kilometer zwanzig bei Artieda aus Weizenfeldern und verwandelt sich dann in einen lebensfeindlichen Backofen – heiße Asphaltstraße unter, graue, an eine Mondlandschaft erinnernde Basaltberge rechts und links, die Sonne am wolkenlosen Himmel über mir. Die gute Nachricht: Der Weg schwenkt irgendwann nach links weg von der Straße. Die schlechte: Dafür geht es jetzt steil bergauf. Dann und wann blitzt der unglaublich türkisfarbene Yesa-Stausee zwischen den Bäumen auf. Die Pyrenäen, die mich seit fünf Tagen begleitet haben, sind endgültig verschwunden.

Ruesta ist ein unheimlich anmutendes, eigentlich verlassenes Dorf oberhalb des Stausees. Die Herberge ist aber vollkommen in Ordnung, es gibt Abendessen, ein Lunchpaket für den Morgen und, trara, nach Geschlechtern getrennte Zimmer. Der Hospitalero teilt mir mit, dass ich mein Zimmer mit dos chicas aus der Schweiz und aus Finnland teile. Da bin ich ja gespannt! Die beiden chicas sind im Moment nicht da, dafür hat sich die spanische Boygroup bereits im Nebenzimmer eingerichtet. Marisol und ihre Brüder kommen kurz nach mir an, und als Fede und Mila eintreffen, höre ich, wie sie im Flur unterrichtet werden: „La chica de Alemania ya está aquí."

Wenig später, während ich meinen Füßen ihre tägliche Ringelblumensalben-Massage zukommen lasse, kehren dann auch die beiden chicas aus der Schweiz und aus Finnland zurück. Diese entpuppen sich als braungebrannte, gutgelaunte Endfünfzigerinnen, die nicht in Finnland und der Schweiz, sondern in Dänemark und Schweden zu Hause sind. Da sie ausgezeichnet Englisch sprechen, können wir uns sofort ausgiebig unterhalten. Sie heißen Christina und Caroline, sind Schwestern und pilgern „zur Probe" von Jaca nach Puente la Reina. Heute sind sie ganz gemütlich neun Kilometer von Artieda nach Ruesta gebummelt, nachdem sie gestern auf der langen Strecke von Santa Cilia nach Artieda so sehr in die Hitze gekommen sind, dass sie den Aufstieg in den auf einem Hügel gelegenen Ort nicht mehr geschafft haben und vom Hospitalero im Auto abgeholt werden mussten. Bis vor zwei Tagen war ich ja noch der Meinung, das frühe Rascheln und Wühlen und der Aufbruch bei Sonnenaufgang hätte etwas mit Angst vor überfüllten Herbergen zu tun. Dabei ist es schlicht und einfach das Einzige, was man tun kann, um dem Hitzestau ab Mittag zu entgehen. Jeder Kilometer, den man vor zehn Uhr wandert, ist ein guter Kilometer.

Später spaziere ich durch den verlassenen Ort, über dem eine dramatische Gewitterwolke hängt, und als ich zur Herberge zurückkehre, bedeutet mir Mila, dass ich ihr unbedingt folgen soll, vor dem Abendessen würde ein

Video über Ruesta gezeigt werden. Spanisches Fernsehen, das kann ja lustig werden! Tatsächlich geht es um den Yesa-Stausee, der für den Wanderer zwar wunderschön türkisfarben in der Sonne glitzert, für die Menschen in dieser Gegend aber ein echter Fluch ist. Durch die Aufstauung sind mehrere Dörfer des Tales (und ein Teil des Original-Jakobsweges) versunken. Ruesta blieb zwar erhalten, wurde aber verlassen, nachdem die Infrastruktur des Tales zusammengebrochen war. Der Film zeigt sehr eindrücklich die direkten Folgen für die Bevölkerung in den verbliebenen Dörfern – Eltern, die ihre Kinder nicht mehr sehen, weil es keine Schulen mehr im Umkreis gibt und Ausbildung nur im Internat erfolgen kann, ältere Leute, die sich nach den im See verschwundenen Orten ihrer Kindheit sehnen. Eine Vergrößerung des Stausees ist nach wie vor in Planung, was unweigerlich zur Folge hätte, dass Ruesta endgültig verschwinden und selbst das auf einer Anhöhe gelegene Artieda versinken würde – ebenso wie der Jakobsweg. Damit bekommt die heutige Etappe einen traurigen Nachgeschmack. Was habe ich unterwegs in der Basalthölle geflucht! Und wie froh bin ich jetzt, dass ich diesen Weg gegangen bin!

Das Abendessen findet in genauso netter Atmosphäre statt wie gestern in Arrés, ergänzt um Christina und Caroline, die sich wie ich tapfer mit Händen und Füßen und ohne Spanisch durchschlagen. Die beiden Lübecker habe ich nicht mehr gesehen, aber da sie mindestens eine Stunde nach mir in Arrés aufgebrochen sein müssen, vermute ich, dass sie in der heutigen Hitzeschlacht nicht bis Ruesta gekommen sind und irgendwo in der Einsamkeit ihr Zelt aufgeschlagen haben. Morgen, warnt mein Wanderführer, geht es die ersten sieben Kilometer nur bergauf. Frühes Aufstehen ist also wieder angesagt. Christina, Caroline und ich plappern und plaudern noch ein wenig von Etagenbett zu Etagenbett – wir fühlen uns ein wenig wie im Landschulheim –, ehe wir einander „Buenas noches" wünschen.

Sanguesa, 26. Juni

Morgens um halb sieben steht ein spanisch-skandinavisch-deutsches Pilgergrüppchen vor der Herberge von Ruesta und frühstückt, was die Lunchpakete hergeben: Orangensaft, Obst, leckere süße Kuchen. Nach und nach brechen wir dann auf – „Buen Camino", „Buen Camino" – ich lasse mir am meisten Zeit und spaziere als Letzte los. Auf der Bank vor der Herberge liegt ein vergessenes Lunchpaket, das kann eigentlich nur Schwedin Christina gehören. Kurzerhand nehme ich es mit den Resten meines eigenen mit – wenn ich Christina treffe, wird sie sich über den Apfel und die Orange freuen, das kann ich aus Erfahrung sagen, und falls ich sie wider Erwarten nicht wiedersehe, freue *ich* mich über das Obst.

Wie von meinem Wanderführer versprochen, geht es zunächst zwei Stunden lang nur bergauf. Hin und wieder bieten sich Ausblicke auf den Yesa-Stausee, über dem tiefe Wolken hängen. Nachdem Film gestern Abend hat der schöne Anblick aber einen melancholischen Beigeschmack.

In einer Kurve gegen Ende des Anstiegs entdecke ich dann meine skandinavischen Schwestern am Wegesrand beim zweiten Frühstück. Christina freut sich unbändig über ihr Lunchpaket – ich habe den Eindruck, die beiden Damen wollen mich auf der Stelle adoptieren. Bis Undués de Lerda wandern wir mal gemeinsam, mal versetzt über eine Hochebene. Auf den Wiesen leuchtet es blau, rot und gelb, dahinter befindet sich hier ein Weizenfeld, dort ein verlassenes Haus. Außer Vogelgesang gibt es in dieser Landschaft keine Geräusche.

Unterhalb von Undués de Lerda führt der Weg ein kurzes Stück auf den Originalsteinen einer alten Römerstraße entlang – ich mag die alten Römer, aber ihre Straßen sind für den heutigen Fußgänger etwas anstrengend. Zum Ort geht es unweigerlich einmal mehr bergauf – Orte gibt es ja ohnehin nicht viele in dieser Gegend, aber die wenigen, die es gibt, befinden sich mit hundertprozentiger Sicherheit auf einer Anhöhe. Am Dorfbrunnen wartet bereits Marisol mit ihren Brüdern. Fede und Mila stoßen ebenfalls dazu, dann kommt noch die Mittelalter-Sonja, von der meine Schweden-Schwestern mir gestern bereits erzählt haben: Um die Pilgerreise so authentisch wie möglich zu machen, wandert sie im Leinenhemd, in Wollsocken und Sandalen. Und als die meisten schon weiterspaziert sind und ich mich auch zum Aufbruch rüste, biegen die Lübecker um die Ecke! Mit denen hatte ich wirklich nicht mehr gerechnet. Sie haben es am Vortag unter Tränen bis nach Ruesta geschafft, sind drei Stunden nach mir angekommen und haben auf dem kleinen Campingplatz hinter dem Ort gezeltet. So erleichtert bin ich darüber, dass sie noch am Leben und Laufen sind, dass ich selbst fast das Weitergehen vergesse. Folglich komme ich genau in die Mittagshitze, als ich endlich aufbreche. Auch mein rechtes Knie fängt wieder an zu pochen.

Der weitere Weg bis Sanguesa führt hauptsächlich durch Weizenfelder, und obwohl dieser Teil eigentlich leicht und die gesamte Etappe mit zweiundzwanzig Kilometern auch nicht übermäßig lang ist, zieht sich die Strecke für mich endlos. Einzige Höhepunkte: Nach einer guten Stunde wird der Grenzstein zwischen den Regionen Aragón und Navarra passiert. Und wenig später kommt mir im Gegenlicht auf dem Weg ein schwarzer Schatten entgegen – kein wilder Hund, sondern Fuchs Nummer Zwei.

Sanguesa ist mit über viertausend Einwohnern eine echte kleine Stadt, in der es eigenartig riecht. Ich übersehe mal wieder einen gelben Pfeil und muss mich zur Herberge einmal mehr durchfragen. Als ich sie schließlich gefunden habe, stelle ich fest: Hier will ich gar nicht bleiben. Drinnen riecht es noch eigenartiger als draußen, es gibt keinen vernünftigen Aufenthaltsraum, keine Wäscheleine, keinen Platz für die Wanderschuhe, keinen Hospitalero, die Toilettentüren lassen sich nicht absperren – und heißes Wasser, meint Marisol, sei vorerst auch Fehlanzeige. Einen Hospitalero gibt es auch nicht, nachmittags kommt jemand zum Stempeln und Kassieren. Eine kanadische Pilgerin weiß Rat: Am Campingplatz am Ortseingang soll es auch eine Herberge geben – und weil sie gerade nichts anderes zu tun hat, bietet sie mir an, mir den Weg dorthin zu zeigen.

Miss Canada erzählt unterwegs, dass sie heute aus Artieda gekommen ist. Bitte? Aus Artieda? Das liegt zehn Kilometer *vor* Ruesta, sprich, sie ist zweiunddreißig Kilometer gelaufen, aber sie hat mich definitiv nicht überholt und ist deutlich vor mir in Sanguesa angekommen. Das wiederum bedeutet: Als ich heute Morgen um kurz vor sieben in Ruesta losspaziert bin, muss sie schon lange durch den Ort durch gewesen sein. Wann bist du denn in Artieda aufgebrochen? erkundige ich mich. Sie zuckt die Achseln: zwischen drei und vier. – Aber da ist es doch noch stockfinster? – Ja, aber mit Stirnlampe ist das nicht weiter schlimm. Sie könne in diesen Herbergen nicht schlafen. Ich versuche mir vorzustellen, wie man diese einsame Etappe in dunkler Nacht alleine wandert und stelle fest: Obwohl es nach wie vor brüllend heiß ist, läuft mir ein kalter Schauer über den Rücken. Und wenn man mal davon absieht, dass es schlicht und einfach wahnsinnig ist, nachts mutterseelenallein durch eine menschenleere Gegend über einsame Landstraßen und verlassene Waldwege zu spazieren: Von der schönen Landschaft sieht man dabei auch nichts. Miss Canada gesteht allerdings auch, dass sie nicht mehr viel Lust zum Wandern hat, morgen will sie den Bus nehmen. Na gut, die werde ich dann wohl auch nicht mehr wiedersehen.

Unterwegs gabeln wir noch Christina und Caroline auf, die in der Städtischen Herberge ebenfalls nicht mehr untergekommen sind, und zu dritt bekommen wir am Campingplatz tatsächlich ein gemeinsames Zimmer für neun Euro pro Person. Dreibett- statt Vierzehner-Zimmer, das lassen wir uns gerne einen Euro mehr kosten.

Nach den üblichen Tätigkeiten – Duschen, Füße massieren und eincremen, Wäsche waschen – tut mein rechtes Knie immer noch weh, und ich warte eigentlich nur noch darauf, dass die Apotheke ihre Siesta beendet, damit ich Voltaren-Salbe kaufen kann. Spanische Siesta-Zeiten sind für den durchschnittlichen Nordeuropäer gewöhnungsbedürftig: Zwischen dreizehn und siebzehn Uhr geht gar nichts. Immerhin befindet sich gegenüber dem Campingplatz ein amerikanisch anmutender „Hyper-Mercado", der ohne Siesta geöffnet hat, da kann ich mich mit Proviant für die nächsten beiden Tage eindecken. Und obwohl ich mich heute beim Wandern schon auf Stadt! Supermarkt! Einkaufen! gefreut hatte, fühle ich mich plötzlich überfordert. Zehn Sorten Äpfel? Meterweise Joghurtregale? Keksauswahl in allen Formen und Farben? Da bin ich gerade mal den siebten Tag unterwegs und bereits vollkommen zivilisationsmüde!

Beim frühabendlichen Rundgang durch die gepflegte kleine Stadt entdecke ich auf einem Kirchturm ein

Storchennest. Storchennester gibt es in Hamburg gar nicht, und wenn es in der Umgebung eines gibt, ist das eine Zeitungsmeldung wert. Soweit ich mich erinnern kann, habe ich noch nie einen Storch aus der Nähe gesehen. Und hier brüten sie gemütlich nicht nur auf einem Kirchturm, sondern, wie ich sprachlos feststelle, auch auf dem nächsten und dem übernächsten.

Izco, 27. Juni

Was für ein bezaubernder Ort! Ich sitze auf dem Mäuerchen hinter dem – natürlich romanischen – Kirchlein, links von mir, unsichtbar, aber nicht zu überhören, planschen die Kinder des Dorfes im ortseigenen Pool, unter mir liegen Weizenfelder, Weizenfelder und noch mehr Weizenfelder. Rechts werden die Weizenfelder von einem strahlend weißen Weg unterbrochen: dem Camino. Weiter links schneidet die fast leere Autobahn durch das Land. Begrenzt werden die Weizenfelder von Hügeln mit dichten grünen Wäldern auf den Kuppen. Und Schwalben flattern um die Kirche, durch die Landschaft und um mich herum. Ich!

Wie mache ich mich in dieser Landschaft? Überraschend gut. Damit meine ich nicht die Tarnfarbenhose und das braune Wander-T-Shirt (schnelltrocknend, schweiß-hemmend, moskitoabweisend). Arme und Beine sind inzwischen angemessen angebräunt, allerdings auch von

Mückenstichen zerbissen. Mit dem Laufen komme ich gut zurecht, heute war der erste Tag, an dem das rechte Knie keine nennenswerten Zicken gemacht hat. Voltaren und dem umgepackten Rucksack sei Dank! Die Isomatte baumelt nicht mehr am Rucksack herum, ich habe es tatsächlich geschafft, sie hineinzustopfen. Das stelle man sich mal vor – hätte ich die Isomatte nicht dabei, könnte ich wie Marisol gemütlich mit einem Vierundzwanzig-Liter-Rucksack durch die Gegend schlendern.

Morgens um sieben in Sanguesa des Rätsels Lösung für den Gestank in der Stadt: Der Jakobsweg führt direkt an einer Fabrik vorbei, an der man nur mit angehaltenem Atem vorbeikommt. Ich vermute: Kläranlage, aber Christina meint, etwas von einer Papierfabrik gehört zu haben. Meinetwegen, ich sehe zu, dass ich weiterkomme. Nach diesem Auftakt wird der Pilger reichlich belohnt. Zunächst geht es durch … Weizenfelder. Und nach der ersten Höhe auf einem Schlängelpfad am Abhang entlang mit weitem Blick nach rechts in die von … Weizenfeldern durchzogene Landschaft. Am Wegesrand blühen Wildblumen in allen Formen und Farben. Irgendwann höre ich in der Nähe ein Bimmeln, ich denke: Bitte, nicht wieder Kühe! – und dann stehen dort Pferde mit Kuhglocken um den Hals und kleine braune Fohlen unter einem schattigen Baum.

Noch schöner wird es nach dem nächsten Anstieg: Bunte Blumenwiesen, soweit das Auge reicht, und eine Armada von blauen, gelben, braunen Schmetterlingen flattert um mich herum. Ich fühle mich wie eine

Disney-Prinzessin, die im Zeichentrickfilm von singenden Tieren umtanzt wird.

Nach siebzehn lässigen Kilometern kommt Izco in Sicht, ein hübsches Dörfchen, wie immer auf einem Hügel gelegen, und genau der Ort, bei dem ich schon von Weitem weiß: Hier werde ich einen wunderbaren Nachmittag verbringen. Ein Bett bekomme ich auf jeden Fall, die Herberge ist klein, aber es gibt ein Matratzenlager für Notfälle. Die Spanier haben Christina, Caroline und ich den ganzen Tag über nicht gesehen, sie scheinen direkt nach Monreal zu wandern … schade, dass ich sie nicht mehr wiedersehen werde, denke ich, während ich die letzten hundert Meter durch den Wald spaziere. Dann fällt mir auf, dass ich in diesem Wald Stimmen höre. Mittlerweile laufe ich ein gutes Stück vor Christina und Caroline, aber es sind ganz sicher nicht meine schwedischen Adoptiv-Pilgermütter, die sich da lautstark auf Spanisch verständigen. Als ich aus dem Wald trete, sehe ich, wem die Stimmen gehören: In vielleicht fünfzig Meter Entfernung schleppen sich drei Pilger in der glühenden Mittagshitze an der Autobahn entlang. Wie sind die denn dahin gekommen? Ich schaue noch einmal hin: Es sind tatsächlich Marisol und ihre Brüder. Und obwohl sie viel zu weit weg sind, um irgendwas zu verstehen, habe ich den Eindruck, dass sie sich streiten. Kein Wunder, ich wäre auch sauer, wenn irgendjemand mich bei diesen Backofentemperaturen an der Autobahn entlang lotsen würde. Die müssen sich doch verlaufen haben! Ich winke ihnen wild zu. Mit dem Hut und dem orange-roten Rucksack bin ich eigentlich auffällig genug, aber die drei sind so vertieft in ihre Streiterei, dass sie mich nicht bemerken. Sie schleppen sich weiter entlang der Autobahn mit ihren unübersichtlichen Auf- und Abfahrten, und irgendwann werden sie vom Buschwerk verschluckt. Na gut, denke ich mir, vielleicht kennen sie irgendeine supertolle Abkürzung nach Monreal, *mein* Bett in Izco nehmen die mir nicht weg – da kommt direkt am Dorfeingang Marisols jüngster Bruder aus einem Feldweg geschossen und rennt im Laufschritt vor mir zur Herberge hoch. Also haben sie mich doch gesehen und befürchten, dass die Schwedinnen und ich *ihnen* die Betten wegnehmen?

Wir sind offensichtlich alle noch ein wenig von der Herberge in Sanguesa geschädigt. In Izco ist es aber anders, die Herberge ist so sauber und ordentlich wie das ganze hübsche Dorf, die Bäder sind vernünftig, die vier Etagenbetten geradezu luxuriös. Nachdem die Betten verteilt und die Credencials gestempelt sind, klettert der Hospitalero auf einen Stuhl und öffnet einen Hochschrank im Gemeinschaftsraum. Hier drin versteckt sich der Supermarkt der Herberge. Nacheinander klettern wir alle ebenfalls auf den Stuhl und wählen Nudeln und Soße, Schokolade und Kekse aus. Bezahlt wird irgendwann heute Abend. Definitiv der schrägste Einkaufsbummel des ganzen Caminos!

Später, während wir uns in dem kleinen Schlafsaal einrichten, treffen auch Fede und Mila noch ein. Das Rätsel der Autobahn löst sich auf: Die Spanier haben nicht nur eine unruhige Nacht in der gruseligen Herberge von Sanguesa verbracht, sie sind heute Morgen auch eine andere, mir unbekannte, keinesfalls idyllische und nicht von Schmetterlingen begleitete Route gelaufen. Folge: Die Spanier sind frustriert und erschöpft, die Schwedinnen fröhlich, und ich lächele einfach vor mich hin und schmiere Ringelblumensalbe auf meine blasenlosen Füße.

Am Abend findet im Gemeinschaftsraum der Herberge eine Dorfveranstaltung statt, weshalb wir gebeten werden, „draußen" zu bleiben. An einem so schönen Sommerabend: gerne! Christina und Caroline haben sich irgendwoher eine Flasche Rotwein organisiert, und wir sitzen zusammen auf dem kleinen Dorfspielplatz und plaudern über das Leben im Allgemeinen und das Pilgern im Besonderen. Die beiden werden mich wohl nur noch bis morgen begleiten, denn wie die Spanier wandern sie nur bis Puente la Reina, ich bin die Einzige, die nach Santiago laufen will. Meine erster Pilgerabschnitt, der Camino Aragónés, geht damit unweigerlich dem Ende entgegen, und eines kann ich jetzt schon sagen: Die vergangenen acht Tage waren die erlebnisreichsten, überraschendsten, schönsten meines Lebens. Was immer auf der Pilger-Autobahn auf mich zukommt, und auch wenn ich abbrechen muss – sei es wegen der Füße, des Knies oder weil's mir einfach zu voll ist – die Tage auf dem Camino Aragónés waren bereits viel mehr, als ich erwartet hatte!

Ein wenig später, als ich zum Sonnenuntergang noch einmal zu dem Mäuerchen hinter der Kirche gehe, sehe ich plötzlich Marisol mit einigen Dörflern auf die Kirche zu marschieren. Entschieden winkt sie mich hinzu – für uns wird die Kirche aufgeschlossen! In diesem kleinen romanischen Gemäuer befindet sich wie in jeder spanischen Dorfkirche ein atemberaubend vergoldeter Altar. Angeblich sind die Kirchen deshalb immer abgeschlossen. Mitten in der Exklusivführung fällt allerdings der Strom aus, und die lautstarke Debatte, in der die aufgebrachten spanischen Señoras einander die Schuld dafür in die Schuhe schieben, ist noch bemerkenswerter als der vergoldete Altar.

Tiebas, 28. Juni

Was für eine Hitze! Der heutige Tag war hauptsächlich heiß und anstrengend, viel bergauf, landschaftlich nicht so reizvoll wie gestern trotz der vielen Ausblicke in Richtung Pamplona. Tiebas liegt wie jeder anständige Ort auf einer Anhöhe, was mir die letzten Kräfte raubt. Zur Herberge muss das halbe Dorf durchquert werden, und das mache ich, indem ich von Hausschatten zu Hausschatten hüpfe. Caroline und Christina nehmen mich in Empfang: Alle Betten sind bereits belegt, wir sollen warten, gleich würde jemand kommen, der uns das Notquartier aufschließt.

Das Notquartier besteht aus Matratzen, die in einem zum Lager umfunktionierten Schulraum liegen. „Lager" bedeutet: Diverse Kisten mit kaputtem Spielzeug stehen um uns herum, abgebrochene Puppenarme und zerfledderte Kinderbücher ragen heraus. Ich bin sehr gespannt, wie ich hier schlafen werde. Immerhin: Anders als in den oft engen Schlafsälen hat man hier mal richtig Platz, um den Rucksack aus- und umzupacken. Die Zeichen stehen definitiv auf Abschied, die Spanier laufen morgen ihre letzte Etappe. Obwohl ich mich mit diesen Leuten nicht länger als drei Sätze unterhalten kann, weiß ich, dass sie mir fehlen werden – Fede und Mila, die sich bei jedem Mittagsschlaf gemeinsam in ein Etagenbett kuscheln, und Marisol, die ihre Brüder mit rollenden spanischen Rs durch die Gegend kommandiert, was von den beiden stets mit rollenden spanischen Augen und einem langgezogenen „Ooooh Marisol" quittiert wird. Christina und Caroline, die auch nur bis Puente la Reina laufen, finden unter ihren Vorräten ein Fertiggericht Nudeln und schenken es mir, „damit du nicht hungrig bleibst". Meine besorgte Verwandtschaft wäre glücklich, wenn sie wüsste, wie ich hier bemuttert werde!

Mit den üblichen Tätigkeiten – Duschen, Füße massieren und eincremen, Wäsche waschen – bin ich etwas spät dran, mit dem Ergebnis, dass die Wäscheleine voll belegt ist. Christina betrachtet meine aus einem Ersatz-Schnürsenkel improvisierte Leine und erklärt: „Mit solchen Ideen schaffst du es auf jeden Fall bis Santiago." – So außergewöhnlich fand ich die Idee gar nicht, aber in Gedanken stimme ich ihr zu: Die Zeiten, in denen ich mich platt in den Pyrenäen liegen sah, sind lang vorbei. Zwischen mir und Santiago liegen noch siebenhundertdreiundzwanzig Kilometer. Ungefähr die Strecke Hamburg – München – und zweihundert Kilometer weniger als vor acht Tagen.

Cirauqui, 29. Juni

Bevor ich gestern Abend in Tiebas in den Schlafsack gekrabbelt bin, piepste das Handy: „Wie sind denn die Herbergen so?", erkundigte sich meine besorgte Mutter. Genau die richtige Frage angesichts des Matratzenlagers im Lagerraum der Schule! – Umso erstaunlicher, dass ich in dieser Nacht so tief und fest und traumlos schlafe wie in keiner der vorangegangenen Nächte. Vielleicht hängt es damit zusammen, dass eine alte blaue Matratze zwar kein Bett ist, dafür aber um mich herum so viel Luft und Platz war wie nie zuvor.

Christina, Caroline und ich nehmen ein letztes gemeinsames Frühstück ein und spazieren wie immer ein paar Minuten getrennt voneinander los – unterwegs hole ich sie eh wieder ein. Meine Stimmung schwankt zwischen Euphorie und Melancholie – heute ist der Tag, an dem ich Santa Maria de Eunate passiere! Eine *der* Kirchen auf dem Weg! Heute ist der Tag, an dem ich durch Puente la Reina komme! Der Ort, an dem der Camino Aragónes in den Camino Francés mündet! Eigentlich ein Grund größter Freude, aber mir ist auch klar, dass es mit der Weltabgeschiedenheit der letzten Woche jetzt ebenso vorbei ist wie mit meiner spanisch-schwedischen Pilgergemeinschaft. Heute Abend werde ich nicht lächelnd zuhören, wie Marisol ihre Brüder durch die Gegend scheucht, oder mit Christina und Caroline über den Sinn des Pilgerns philosophieren. Selbst die Aussicht auf neue Pilgergesichter kann meine Wehmut nicht vertreiben.

– Aber wie immer auf dem Jakobsweg kann man nicht lange Trübsal blasen: Ein paar Hundert Meter vor dem nächsten Ort gesellt sich in der Morgensonne zwischen den Feldern ein älterer Señor mit Hund zu mir, um sich nach meinem Woher und Wohin zu erkundigen und mir zu erzählen, dass er den Weg auch mehrmals gelaufen ist, und etwas Besseres könnte ich gar nicht tun, und meinen Enkeln würde ich noch davon berichten können. Im Ort zeigt Señor mir noch sein Häuschen – hübsch und gepflegt wie immer in dieser Gegend – ehe er mir einen Buen Camino wünscht. Ich spaziere weiter durch Wiesen und Sonnenblumenfelder, die gerade bewässert werden. Vorbeiziehende Pilger bekommen dabei eine erfrischende Dusche ab.

Um halb zehn, nach drei Wanderstunden, taucht sie dann ganz unvermittelt in den Feldern auf: Santa Maria de Eunate. Viel kleiner, als ich gedacht habe, aber ein wunderschöner und um diese Uhrzeit auch noch verlassener Ort. Ich bin ganz alleine an der Kirche, denn geöffnet ist sie erst später am Vormittag. Ich mache ausgiebig Pause, nehme mein zweites Frühstück ein, genieße die Atmosphäre – und warte nebenbei auf Christina und Caroline, die ich unterwegs bei einem Fotostopp überholt habe. Aber die schwedischen Damen lassen sich Zeit – würde ich auch an ihrer Stelle, von der Eunate-Kirche nach Puente la Reina ist es ein Katzensprung, da kann man gemütlich zwischen Sonnenblumen wandeln und die letzten Kilometer genießen. Wie ich die beiden kenne, haben sie eine Bar gefunden und stoßen mit etwas Stärkerem als einem Café con leche auf ihren letzten Wandertag an.

Nach einer Dreiviertelstunde breche ich schließlich schweren Herzens auf. So traurig ich bin, dass ich Caroline und Christina jetzt wahrscheinlich nicht mehr wiedersehen werde, die vierzehn Kilometer bis zu meinem Tagesziel Cirauqui flößen mir reichlich Respekt ein, denn der Tag verspricht einmal mehr unglaublich heiß zu werden. Nach dreizehn Uhr sollte man nicht mehr unterwegs sein, ab vierzehn Uhr wird das Laufen gänzlich unerträglich, soviel habe ich in den letzten Tagen gelernt. Also spaziere ich weiter.

In Obanos begegnen mir die ersten Pilger aus St. Jean Pied de Port, und wenig später in Puente la Reina, auf der berühmten Brücke, bin ich endgültig auf dem Camino Francés angekommen. In Puente la Reina nehme ich mein drittes Frühstück ein, fotografiere noch mehr Störche – in den paar Tagen hier habe ich mehr Störche gesehen als vorher in meinem ganzen Leben –, studiere meinen Wanderführer und stelle fest: Es geht bergauf. Es geht definitiv bergauf, auf einem roten Sandweg durch eine blühende, fruchtbare grüne Landschaft. Irgendwann höre ich von hinten Trippelschritte: Zwei Läufer mit Ultra-Light-Rucksäcken nähern sich mir. Wirklich: Die wandern nicht, die schlendern nicht, die spazieren nicht, die *laufen*. Einer läuft sogar eine Extrarunde um mich herum, um mir auf Englisch zu erzählen, dass ich mich vorsehen soll, meine Waden hätten einen ganz schönen Sonnenbrand. Sehr nett von ihm. Den Sonnenbrand habe ich allerdings seit drei Tagen, und dank Teebaumöl tut er auch nicht weh.

Das ist eine der Nebenerscheinungen des Caminos: Da man von Osten nach Westen läuft, hat man die Sonne immer im Rücken. Da hilft bei den Waden dann irgendwann auch ein Lichtschutzfaktor vierzig nichts mehr – es sei denn, man wandert in langen Hosen. Aber das ist bei Temperaturen von 30 Grad plus X auch keine echte Alternative.

Die beiden Läufer eilen weiter und sind bald meinen Blicken entschwunden. Unglaublich, was manche Leute für eine Kondition haben! Drei Kilometer vor Cirauqui geht es nochmal bergauf – kurz, aber steil, sagt mein Wanderführer, aber in der Mittagshitze kann einem auch „kurz" ziemlich lang vorkommen. Ich kann den Anblick des ansteigenden Weges schlicht und einfach nicht mehr ertragen, drehe mich um und spaziere rückwärts hinauf, während in meinem Kopf Xavier Naidoo in einer Endlosschleife singt: „Dieser Weg wird kein leichter sein … dieser Weg wird steinig und schwer."

In Mañeru, dem letzten Ort vor meinem Etappenziel, befindet direkt am Ortseingang ein Brunnen. So erfrischt sind die fehlenden Kilometer ein Kinderspiel. Ich wandere durch Weinberge und Felder, und dann liegt plötzlich Cirauqui vor mir. Auf einem Hügel, selbstverständlich, vor jeder Herberge wartet noch ein kleiner Anstieg, aber wunderschön eingebettet zwischen den Feldern. Wieder so ein Ort, bei dem ich schon von Weitem weiß: Hier werde ich einen wunderbaren Nachmittag verbringen.

Die Herberge Maralotx findet man, nachdem man durch viele blitzblanke Gassen spaziert ist, direkt neben der Kirche. Eine sehr freundliche Hospitalera wirft einen mitleidigen Blick auf die rotgesichtige, durchgeschwitzte Gestalt, die da an ihre Tür geklopft hat, bietet als Erstes einen Stuhl an und kümmert sich dann um die Formalitäten. Und während das Credencial kontrolliert und gestempelt wird, schaut sich die Pilgerin staunend um: Liebevoll individuell gestaltete Räume, getrennte Badezimmer, nette kleine Details wie frische Kopfkissenbezüge und vernünftige Ablagen im Schlafraum … Oben gibt es einen Balkon und abends erst Pilgermesse, dann Pilgermenü, erklärt die Hospitalera. Ich wähne mich im Pilgerparadies. Außer mir ist nur ein älterer spanischer Pilger anwesend, wenig später treffen ein Italiener und eine Kanadierin ein, die genauso fix und fertig wirken wie ich. Irgendwie ein tröstlicher Anblick.

Mittlerweile ist es so heiß, dass meine Wäsche nach wenigen Minuten in der Sonne trocken ist. Ich verbringe den Rest des Nachmittags auf dem schattigen Balkon bei einem spanisch-englischen Plausch mit der Hospitalera, dem Italiener Giovanni und der Kanadierin Mary. Die beiden haben sich in Roncesvalles kennengelernt und wandern seitdem gemeinsam. Und ja, versichert Mary, die Etappe von St. Jean Pied de Port nach Roncesvalles sei wirklich so schlimm, wie man überall liest.

Die Hospitalera verteilt Pilgerratschläge: Wir sollen die großen Orte meiden und in den kleinen übernachten, dann hätten wir trotz der Jahreszeit nie ein Unterkunftsproblem. Und wir sollen uns vor spanischen Pilgern in acht nehmen. Spanier, erklärt die Hospitalera, wären unfähig, alleine und in Ruhe zu pilgern. Spanier *müssen* in Gruppen laufen, und je größer und lauter so eine Gruppe, desto besser. Sollte uns eine spanische Gruppe begegnen, sollen wir Reißaus nehmen. Woraus ich schließe, dass sie selbst keine Spanierin, sondern Baskin ist.

Später tippe ich noch eine SMS an Caroline, voll des Bedauerns, dass wir uns nicht richtig voneinander verabschieden konnten. Caroline schreibt prompt zurück: Ihre letzte Pause vor der Eunate-Kirche sei etwas außer Kontrolle geraten – und sie erwarten Nachricht, wenn ich in Santiago angekommen bin.

Abends um sechs steht die Hitze immer noch wie in einem Backofen auf dem Platz vor der Kirche. Ich spaziere durch die leeren Gassen auf der Suche nach einer Telefonzelle. Irgendwie habe ich das Bedürfnis, meiner besorgten Verwandtschaft mitzuteilen, wie gut es mir geht! Meine Mutter freut sich auch wirklich meine Stimme zu hören. „Wir haben eine Hitzewelle hier", sagt sie. „Fünfunddreißig Grad! Du kannst dir gar nicht vorstellen, wie heiß das ist! Man mag sich kaum bewegen!" Ich beobachte, wie ein abgekämpfter Pilger mit einem Monster-Rucksack über den Platz hechelt, und versichere, dass ich durchaus eine Vorstellung von körperlichen Aktivitäten bei großer Hitze habe.

Nach der Pilgermesse – fünfzehn alte Damen des Dorfes und fünf Pilger – gibt es im Untergeschoss der Herberge Abendessen. Die Hospitalera bestimmt die Sitzordnung und platziert mich neben dem einzigen Spanier: „Porque tu hablas Español." – So viel zum Thema „No hablo Español". Es ist keine Woche her, dass ich in Jaca am Rande der Verzweiflung war, weil mir ständig die Worte fehlten! Dieser Weg ersetzt einen Sprachkurs.

Auf meiner anderen Seite sitzt ein schwedisches Ehepaar, Pierre und Silja. „Oh, Schweden!", rufe ich erfreut und erzähle von meinen beiden schwedischen Adoptiv-Pilger-Müttern. – „Christina und Caroline!" erklärt Silja. „Die haben wir heute Mittag in einer Bar in Obanos getroffen." Da haben wir's einmal mehr: Der Camino ist ein Dorf. Langfristig verloren geht hier niemand. – Und irgendwann während unserer Unterhaltung fällt mir ein, wie melancholisch ich am Morgen beim Abschied von der spanisch-schwedischen Pilgergemeinschaft war. Wie unvorstellbar schien es mir da, den Abend in ähnlich netter Atmosphäre zu verbringen! Und genau das ist jetzt eingetreten.

Während des Essens ist noch eine italienische Familie eingetroffen und hat sich in den letzten drei Betten eingerichtet: Mamma, Pappa und Elena. Elena ist halbwüchsig, rundlich und definitiv schlecht gelaunt. Alle Versuche von Mamma, sie in die Planung des nächsten Tages einzubeziehen, werden abgeschmettert. Man sieht sie eigentlich nur von hinten – sie liegt auf dem Bauch auf ihrem Bett und meckert in ihr Kopfkissen. Mamma spricht sehr gut Englisch und scheint diejenige zu sein, die die Familie zusammenhält und voran treibt. Der rundliche Pappa, der sich in dem Etagenbett über mir einrichtet, spricht nur Italienisch und schiebt ratlos seine riesige Schlafsackrolle vom Fußende zum Kopfende und wieder zurück. Ich habe den unschönen Verdacht, dass er in die Abteilung „Super-Schnarcher" gehört.

Villamayor de Monjardín, 30. Juni

Ja, der italienische Pappa schnarcht. Dank Ohropax, MP3-Player und Rotwein beim Pilgermenü schlafe ich aber trotzdem ganz gut. Um sechs krabbele ich aus meinem Schlafsack, werfe meine paar Sachen hinein und schleiche in den Vorraum. Diese Taktik hat sich gut bewährt, um nicht alle anderen Mitschläfer mit Rascheln und Wühlen wachzurütteln. Im Vorraum kann ich in Ruhe packen, und im Badezimmer kann ich mich in Ruhe umziehen und fertigmachen.

Mary und Giovanni brechen ebenfalls früh auf und fragen, ob ich mit ihnen laufen will. Das ist nett, aber ich habe den Eindruck, dass sie erheblich sportlicher und schneller unterwegs sind als ich. Außerdem habe ich in den letzten Tagen die stillen Morgenstunden allein in der Natur wirklich zu genießen gelernt, und dabei möchte ich es vorerst auch belassen. Also gebe ich den beiden ein paar Minuten Vorsprung.

Das Gewitter, das angeblich in der Nacht niedergegangen ist, hat keine Abkühlung gebracht. Der Tag verspricht einmal mehr sonnig und heiß zu werden, und es ist wieder einfach nur wunderschön, in der ruhigen Morgenatmosphäre durch die Felder zu laufen. Hähne krähen, Vögel zwitschern, ich verbringe Minuten damit, eine Ameisenstraße zu beobachten – faszinierend, wie diese winzigen Tiere ganze Weizenkörner über den Weg transportieren, im Verhältnis dazu nimmt sich der Rucksack auf meinem Rücken ja lächerlich aus. Über Schnecken, den Schrecken eines jeden Gärtners, freue ich mich auch, Schnecken lassen mich immer denken: Tatsächlich jemand, der noch langsamer als ich unterwegs ist. Kurz vor Villatuerta begegnet mir allerdings eine Señora – „Buen Camino!" –, die sämtliche Schnecken vom Weg aufliest und in einer Plastiktüte sammelt ... Guten Appetit, oder, wie ich mittlerweile gelernt habe: „Que aproveche."

In Estella, dem größten Ort, durch den ich heute komme, muss ich etwas Wichtiges erledigen: Mein letzter Kugelschreiber hat gestern seinen Geist aufgegeben. Ohne Kugelschreiber kann ich nachmittags nicht schreiben, wenn ich nachmittags nicht schreiben kann, ist mein Pilgertag nicht vollständig. Die Hospitalera aus Ciraqui hat mich mit der spanischen Vokabel bolígrafo ausgestattet, die ich garantiert nie wieder vergessen werde.

Auf der Straße, die nach Estella hineinführt, werde ich erst nochmal abgelenkt: Alle paar Schritte erinnern schwarze Buchstaben auf dem Asphalt daran, dass dieses

Land nicht nur schön und friedlich ist. THIS IS NOT SPAIN, FREE BASQUE COUNTRY und andere Sprüche sind dort zu lesen, und machen dem Pilger unvermittelt bewusst, dass er sich in einer Konfliktregion befindet – auch wenn dieser dem Außenstehenden schwer nachvollziehbar erscheint. Seit Tagen begleiten mich Schilder in spanischer und baskischer Sprache, die Hospitalera in Cirauqui war Baskin (tatsächlich heißt der Ort auf ihrem Stempel Zirauki) und hatte keine hohe Meinung von ihren spanischen „Landsleuten", und dennoch war mein Eindruck bisher: Ich bin hier nicht in einem problembeladenen Landstrich mit explosivem Konfliktpotential unterwegs, sondern in einer der wohlhabendsten und wirtschaftlich stärksten Regionen Spaniens. THIS IS NOT SPAIN holt mich einmal mehr in die Wirklichkeit zurück. Gerne würde ich die Aufschriften fotografieren, aber auf der Straße sind zu viele Autos unterwegs, und wie einheimischen Fußgänger darauf reagieren, wenn Pilger ETA-freundliche Sprayereien fotografieren, will ich dann lieber doch nicht herausfinden.

In Estella folge ich der Mission bolígrafo: im ersten Supermercado – Fehlanzeige. Im zweiten Supermercado – Fehlanzeige. Aber bei der Tankstelle an dem Spielplatz habe ich mehr Glück. Dort liegen haufenweise Kugelschreiber an der Kasse herum. Eine freundliche Señorita überreicht mir ein Dreierpack für neunzig Cent. Als ich das Päckchen später auf meiner Siestabank öffne, denke ich: Ah! Pelikan! Deutsche Qualitätsarbeit! Der erste Stift schreibt genau anderthalb Zeilen lang. Die beiden anderen schreiben gar nicht. Die haben wahrscheinlich seit zehn Jahren in der Tanke gehangen und auf eine Abnehmerin gewartet. Merde! Und an meinem Tagesziel Villamayor de Monjardín gibt es definitiv keinen Laden.

Natürlich kann ich mir in der Herberge einen Kugelschreiber leihen, aber meine Co-Pilger schleppen sicher auch nicht haufenweise Kulis durch die Gegend. Leute, die ihren Wanderführer zerteilen, um unnötige Seiten nicht tragen zu müssen, haben sicher nicht mehr als zwei Kulis im Gepäck! Mit einem Leihstift mag ich meine langen Abhandlungen nicht schreiben. In Ayegui, dem ersten Ort hinter Estella, gibt es kein G'schäfterl, und im nächsten, Irache, gibt's erst einmal nur das Weingut mit der sagenhaften Quelle für Pilger, an der sich ein Trupp französischer Radfahrer die Literflaschen abfüllt. Da parallel die Ehefrauen auftauchen und am Straßenrand zwei französische Autos geparkt sind, wirken diese Leute nicht ganz wie die Pilger, für die die Quelle gedacht ist. Ich schnalle meinen blauen Emaille-Becher ab, der auf genau diesen Augenblick seit elf Tagen gewartet hat, trinke einen Schluck – elf Uhr vormittags bei dreißig Grad Hitze ist keine gute Zeit für Rotwein – und lasse das fällige Erinnerungsfoto schießen.

Hinter dem Gut fällt mir ein älterer Monsieur ins Auge, braungebrannt wie nur jemand, der seit Wochen unterwegs ist. Monsieur schiebt seine Siebensachen auf einem Handkarren vor sich her. Ich muss Monsieur fragen, ob er den ganzen Weg nach Santiago so zurücklegt. Ja, und er ist in Le Puy gestartet.

Wahrscheinlich hat er diese Frage schon hundertmal beantwortet. Wir spazieren ein paar Minuten nebeneinander her, dann kommt rechts der Hinweis zum Supermarkt des Campingplatzes Irache – meine nächste Chance auf der Mission bolígrafo! Ich verabschiede mich von Monsieur – schade, er hat er mich Rentner Rudi erinnert.

Der Supermarkt ist geöffnet, aber er bleibt stockfinster, auch nachdem ich die Sonnenbrille abgenommen habe. Die Kassiererin verflüchtigt sich bei meinem Anblick (also so furchtbar kann der nun auch nicht sein!). Irgendwann taucht ein Nachwuchsverkäufer auf. Ob es bolígrafos gibt? Nö, haben sie nicht. Offensichtlich ist dies ein Campingplatz, auf dem niemand jemals eine Postkarte schreiben oder ein Kreuzworträtsel lösen will. Ich ziehe wieder ab.

Auf dem weiteren Weg – rote Erde, hier und da Schatten – grübel ich darüber nach, was für eine komplett blödsinnige Situation das ist. Es kann doch nicht so schwierig sein, sich einen Kugelschreiber zu besorgen? Einen Kugelschreiber, bitteschön, keinen Rolls Royce, keinen Lottoschein mit sechs Richtigen, nur einen schlichten Kugelschreiber, damit ich den schnarchenden italienischen Pappa, die Schnecken sammelnde Señora und die baskischen Sprüche vor Estella nicht bis morgen vergessen habe! Ich beschließe, es mal wieder mit einem Kerkeling'schen Wunsch ans Universum zu versuchen:

Universum, wende ich mich an den blauen Himmel, ich hätte gerne einen Kugelschreiber.

Hinter der nächsten Straße ist im Wald eine Quelle. Dort treffe ich erst Mary und Giovanni aus Cirauqui, die mittlerweile mit einer Engländerin unterwegs sind, und dann kommt auch Monsieur, der mit seinem Karren einen kleinen Umweg laufen musste. Ob ich im Supermarkt gefunden hätte, was ich brauchte, fragt er. – Leider nein, antworte ich. – Ah, sagt Monsieur, dann würde er mir einen Kugelschreiber schenken. – Was? frage ich ungläubig. Können Sie den wirklich entbehren? – Jaja, versichert Monsieur, er hätte ihn auch geschenkt bekommen. – Und überreicht mir einen leuchtend grünen Kuli mit der passenden Aufschrift „Relais St. Jacques". Ich freue mich wie ein kleines Kind. Über einen Kugelschreiber!

Den Rest des Weges nach Villamayor – es geht mal wieder bergauf, wer hätte das gedacht – beschäftigt mich die Frage nach den Wünschen ans Universum. Die Erkenntnis lautet: Ja, sie funktionieren tatsächlich. Solange sie mit dem Camino zu tun haben, im möglichen Rahmen liegen und man selbst ein wenig zur Erfüllung beiträgt. Hätte ich Monsieur mit dem Karren nicht aus Neugier angesprochen, würde ich immer noch kugelschreiberlos durch die Gegend laufen!

Vor der Herberge von Villamayor sitzen unter dem einzigen Sonnenschirm zwei ältere französische Pilgerinnen. Die holländischen Hospaleros sind erst nachmittags da, aber man kann jetzt schon hineingehen, sich ein Bett suchen, duschen, Wäsche waschen ... Die Räume in dem uralten Herbergsgebäude sind eng und haben niedrige Balkendecken. Zwischen den Etagenbetten stehen ein alter Spiegelschrank und eine zierliche Kommode. Sehr originell! Das Bad ist aber einmal mehr ein modernes Pilgerparadies.

Nach dem Duschen geselle ich mich zu den beiden Französinnen in den eng bemessenen Schatten unter dem Sonnenschirm. Es ist wieder so unglaublich heiß, ich kann quasi zuschauen, wie meine Wäsche trocken wird. Die beiden Damen erzählen, dass sie heute aus Estella herspaziert sind, neun Kilometer. Um zehn sind die losgelaufen, um eins waren sie hier. Gestartet sind sie vor Jahren in Le Puy, seitdem sind sie jedes Jahr ein paar Tage unterwegs. Mehr als zehn Kilometer am Tag laufen sie nur im Notfall. Tolle Taktik! Ausschlafen, kurze Strecke zurücklegen, und so früh eintreffen, dass man in der Herberge die besten Betten wählen kann ... schön für die Damen, dass sie so viel Zeit haben. Weniger schön für Pilgerkollegen, die nach einer langen Etappe gar kein oder das Bett an der Toilettentür abbekommen.

Nach und nach treffen bekannte Gesichter ein: Die Schweden Pierre und Silja, und Giovanni und Mary, die vorher noch eine halbe Stunde lang beratschlagt haben, ob sie bis Los Arcos weiterlaufen (total verrückt, weitere zwölf Kilometer bei diesen Temperaturen, insbesondere angesichts der Tatsache, dass die Herberge hier wirklich schön ist und das Essen fantastisch sein soll). Die italienische Familie taucht nicht auf – trotz Pappas Geschnarche bedaure ich das ein wenig. Elenas schlechte

Laune und Mammas Bemühungen, ihre Lieben motiviert und beieinander zu halten, waren einfach zu unterhaltsam. Ich vermute, dass sie in der Hitze nur bis Estella gelaufen sind.

Nachmittags gewittert es eine Stunde lang, und als es wieder trocken ist, mache ich mich auf zur Besichtigung der lokalen Sehenswürdigkeit: der romanischen Kirche. Diese ist leider abgeschlossen. Dafür komme ich mit einem älteren kanadischen Pilger ins Gespräch. Wir beide geraten wiederum an einen alten Señor, der verspricht, den Schlüssel bei der zuständigen Señora zu organisieren.

Nach ein paar Minuten kommt er ohne Schlüssel zurückgeschlurft. Aus seiner Erklärung verstehen wir Regen, Pilger und Stiefel, und schließlich reimen wir uns zusammen: Die Señora will uns nicht in die Kirche lassen, weil es gerade geregnet hat, und wir Pilger mit unseren Stiefeln alles schmutzig machen. Der Señor nickt eifrig. Ich schaue mir das Foto an, das der Kanadier Larry von mir im Kirchenbogen gemacht habe, und muss der Señora zustimmen: Ich würd' mich auch nicht in ihre schöne Kirche lassen. Flipflops an den zerkratzten Füßen, knallrote Waden, Shorts und T-Shirt, die seit fast zwei Wochen keine Waschmaschine mehr gesehen haben, meine Haare ein einziger endloser Bad-Hair-Day, in der Hand die unvermeidliche Halbliter-Wasserflasche (es ist trotz Gewitter immer noch heiß) – wo ist bloß die Hotelfachfrau im schwarzen Hosenanzug geblieben?

Eine halbe Stunde später beim wirklich fantastischen Pilgermenü (endlich mal keine Pasta) sitzen an einem

Tisch: Mary aus Kanada, einer der holländischen Hospitaleros und der namenlose Holländer, der am 12. April an seiner Haustür in Amsterdam losgelaufen ist (ich erinnere mich so genau an den Tag, weil das der Tag war, an dem ich das erste Mal meinen Rucksack Probe gepackt habe). Daneben – und mir gegenüber – die unglaublich sympathische Engländerin Beverley. Engländerin! Toll! denke ich. Und prompt erzählt sie mir von ihrem Cottage in der Nähe von Brighton, von ihrem Garten, von ihren Pferden, von ihren Katzen … und als wir beim Nachtisch angelangt sind und das Pilcher-Idyll in meinem Kopf perfekt ist, erwähnt sie in einem Nebensatz, dass sie zum zweiten Mal Krebs hat und den Jakobsweg läuft, weil sie ihn schon seit Jahren gehen wollte – und wenn es das Letzte ist, was sie in ihrem Leben tut. Am liebsten würde ich auf der Stelle in Tränen ausbrechen. Aber wenn Beverley das ertragen kann, dann kann ich das wohl auch.

Der letzte Tischgast: Der Pilger, der sich heute Nachmittag in der Runde vor der Herberge aus jedem Gespräch heraus gehalten und dabei demonstrativ in einem dicken Buch gelesen hat. Jetzt bei Tisch sehe ich, dass es sich bei dem Buch um „Die gute Nachricht" handelt. Der schweigsame Pilger ist also ein Landsmann, und angesichts der Tatsache, dass wir die einzigen Deutschen sind, hat er mich als diejenige ausersehen, die sich die Klage über seine Fußprobleme anhören darf. Fußprobleme und Blasen nehme ich wie immer voll des Mitleids zur Kenntnis, bin ich doch von beidem bisher verschont (selbst das rechte Knie hat endlich Frieden gegeben). Aber allmählich wird meine Geduld kürzer mit

Pilgern, die Rucksäcke à fünfzehn Kilo durch die Gegend schleppen, an Tag zwei mit Wegwerfen beginnen und dabei als Erstes die gute Hirschtalgcreme entsorgen.

Nach dem Essen ist mein Landsmann endgültig gesprächig geworden und setzt die Fußklage fort, bis ich schließlich ernsthaft behaupte, dass ich unbedingt herausfinden will, was in der Bibelstunde passiert, die die holländischen Hospitaleros gleich abhalten. Und was sagt der Landsmann, der den ganzen Nachmittag über demonstrativ „Die gute Nachricht" studiert hat? „Ach, die machen nichts, nur Lieder hören und Bibeltexte lesen." – Lieder und Bibeltexte erweisen sich dann in der Praxis als deutlich entspannender als anderer Leute Fußprobleme. Die, wenn sie wirklich so dramatisch sind, ohnehin dafür sorgen werden, dass wir uns nie wiedersehen.

Viana, 1. Juli

Heute ist der Tag, an dem ich ohne Zweifel sehr viel lernen sollte. Um Viertel nach sechs war allgemeiner Aufbruch in Villamayor angesagt. Ich spaziere die ersten paar Kilometer mit Larry aus Québec, dessen militärischer Marschschritt mir aber gar nicht bekommt. Dabei sieht man nichts von dem, was ich morgens am liebsten anschaue: Schnecken auf dem Weg, Ameisen-straßen, auf denen Getreidekörner transportiert werden, rosafarbene und silberne Wolken … Ich lasse Larry davonziehen und komme um kurz nach neun in Los Arcos an. Und wer sitzt in Los Arcos vor der Kirche, auf der Bank, die ich mir für mein zweites Frühstück erträumt habe? Mein Landsmann mit dem kranken Fuß.

Soviel zum Thema „den sehe ich nie wieder". Da er nicht allzu lang vor mir aufgebrochen ist und ich ihn den ganzen Weg über nicht einmal von Weitem gesehen habe, kann's mit dem Fuß dann ja doch nicht so dramatisch sein. Wir machen Pilger-Smalltalk, bis er mich fragt, ob ich schon bei den Nachbarn in der österreichischen Herberge stempeln war. War ich nicht – wusste gar nicht, dass es hier eine österreichische Herberge gibt – und damit bietet er mir ganz unvermutet einen wunderbaren Grund, ihn allein zu lassen, ehe er auf die Idee kommen kann, mit mir zusammen weiterlaufen zu wollen. Noch mehr kranken Fuß ertrage ich nicht.

Ich tippel zurück zu den Österreichern. Dort gibt es Stempel, einen Kaffeeautomaten und einen schattigen Innenhof, der zur Pause einlädt. Einmal mehr ein Pilgerparadies! Als ich nach einer Viertelstunde zu der Bank vor der Kirche zurückgehe, ist mein fußkranker Landsmann verschwunden. Dafür winken mir … Mamma, Pappa und Elena aus Cirauqui zu. Wo kommen die denn her? Die hatte ich am Rande des Erschöpfungstodes in Estella vermutet. Mamma ist auf der Suche nach einem Stempel, also schicke ich sie zu den Ösis. Durch das Stadttor sehe ich gerade noch Monsieur mit dem Karren entschwinden, und als ich selbst Los Arcos verlasse, traue ich kaum meinen Augen: Da steht, als hätte sie auf mich gewartet, Miss Canada aus Sanguesa an der Straße! Mit der hätte ich im Leben nicht mehr gerechnet! Wollte die nicht mit dem Bus fahren?

Miss Canada ist mal wieder um vier Uhr nachts losspaziert und hat jetzt die letzten zehn Kilometer bis Torres del Rio vor sich. Die spazieren wir dann gemeinsam über bequeme Feldwege. In Sansol sehe ich den Karren ohne Monsieur vor der Bar stehen, in Torres del Rio bezieht Miss Canada die Herberge, ich trinke eine verdiente Cola und entspanne mich auf der Terrasse, denn ich will noch bis Viana weiterlaufen. Und gerade, als ich beschließe weiterzugehen, taucht mein fußkranker Landsmann wieder auf! Das nennt man Hase und Igel! Und ich bin hier definitiv der Hase! Ich plaudere noch ein wenig mit ihm. Irgendwie tut er mir leid, er spricht so schlecht Englisch, hat gestern in Villamayor mit niemandem außer mir gesprochen, und wenn er weiterhin so demonstrativ „Die gute Nachricht" liest, wird das auch so bleiben.

Erst um zwölf Uhr breche ich schließlich in schönster Mittagshitze zu den letzten elf Kilometern nach Viana auf – und das ist ein großer Fehler. Ich bin eine gute halbe Stunde unterwegs, als mir schwarz vor Augen wird. Weit und breit kein anderer Pilger in Sicht, zwischen hier und Viana kein Schatten … und auch kein Wasser. Anderthalb Liter habe ich dabei, das sollte reichen – allerdings ohne Kreislaufprobleme. Ich hocke mich auf einen Felsen in die letzten zehn Zentimeter Schatten und verschlinge im Rekordtempo alles, was meine Lunchbox noch hergibt. Zwei Müsliriegel, diverse Kekse, einen

Apfel und einen guten Schluck Wasser später fühle ich mich wieder fit. Andere Pilger sind immer noch nicht in Sicht und kommen auch nicht mehr in Sicht.

Die nächsten zwei Stunden spaziere ich mutterseelenallein hinunter in ein von Olivenbäumen bestandenes Tal, in dem Temperaturen wie in einem Backofen herrschen. Irgendwo kreuzt ein Bächlein den Weg. Wasser! Ich widerstehe der Versuchung, dort meine Wasserflasche aufzufüllen. Wasser, das nicht aus offiziellen Brunnen stammt, ist auf dem Jakobsweg strengstens verboten. Stattdessen tauche ich mein Halstuch in den Bach, lege es mir auf den Kopf und stülpe meinen Hut darüber. Nachdem ich noch meine Sonnenbrille aufgesetzt habe, beweist mir ein Blick auf das Display der Digitalkamera: Ich bin nicht mehr ich selbst. Und so fühle ich mich auch, als ich auf der anderen Seite des Tales den Weg wieder hinauf krabbele. Warum geht dieser verdammte Weg ständig sinnlos bergauf? Warum kann er nicht einfach wie jede vernünftige Straße um ein Tal herumführen? Ich habe wirklich den Verdacht, dass die Wegführung über Berg und Tal Absicht ist und dem Pilger das Leben nochmal extra schwer machen soll.

Während ich vor mich hin schimpfe, entdecken meine Augen etwas, das ich im ersten Moment für eine Fata Morgana halte: Unter einem der wenigen Büsche steht ein Eimer mit offensichtlich sehr frisch gekühlten Getränken. Davor eine Spardose und ein Schild: „1 Euro, Gracias". Ich schaue mich um, ich reibe mir die Augen, ich schüttele fassungslos den Kopf: Die Getränke verschwinden nicht. In diesem Augenblick begreife ich, was den Jakobsweg von jedem anderen Wanderweg unterscheidet: Hier erlebt man jeden Tag ein kleines Wunder. Gestern der Kugelschreiber von Monsieur mit dem Karren, heute kalte Getränke im Backofental ... ich werfe einen Euro in die Spardose und trinke das köstlichste Wasser meines Lebens.

Nach Viana sind es immer noch viel zu viele heiße Kilometer, und ich habe nach wie vor das Gefühl, dass ich die letzte Pilgerin bin und außer mir niemand mehr unterwegs ist. Die Einsamkeit, die Stille, die Anstrengung und die Hitze haben Auswirkungen auf meine Fantasie: Als ich einmal mehr bergauf krabbele – dieses Mal an einem Weinberg entlang, ich nähere mich der Weinregion La Rioja – scheinen meine Füße in ihren Wanderstiefeln zu schwimmen, während sich mein Rücken unter dem Rucksack in ein Feuchtgebiet verwandelt. Feuchtgebiete! Das ist das Stichwort! So heißt eines der erfolgreichsten deutschen Bücher der letzten Jahre, ähnlich erfolgreich wie zuvor „Ich bin dann mal weg". Man müsste also nur ein Buch über Körperflüssigkeiten auf dem Jakobsweg schreiben – nach so einem Tag eine leichte Übung – und hätte einen sicheren Bestseller! Diese Idee lenkt mich ab, bis ich an der Stadtgrenze von Viana meinen Kopf unter den ersten Brunnen seit elf Kilometern halte. Unnötig zu erwähnen, dass auch die Altstadt von Viana sich auf einer hügelartigen Erhebung befindet. Ich möchte einmal – ein einziges Mal nur! – fit und fröhlich und nicht abgekämpft, rotgesichtig und so erschöpft in einer

Herberge ankommen, dass die Hospitalera sofort mitleidig auf den Stuhl deutet, der vor ihrem Tisch steht!

In Viana, das weiß ich schon aus meinem Wanderführer, gibt es eine besondere Spezialität: dreistöckige Etagenbetten. Kann alles gar nicht so schlimm sein, habe ich mir vorher tapfer erzählt. Mit meinem Bett in Mittellage konfrontiert, stelle ich aber fest: Das ist doch schlimm. Wie ich von der Leiter in den Raum zwischen Matratze und oberem Bett hüpfen soll, ist mir ein Rätsel. Ansatzweise aufrecht sitzen kann ich in dem Zwischenraum auch nicht, und wie ich wieder herauskommen soll, ist das nächste Rätsel. Prompt lande ich bei dem Versuch mit dem Fuß auf dem Arm meiner schlafenden Untermieterin, die natürlich wach wird und mich mit einem Furcht erregend wütenden Blick bedenkt. Die Dame ist allerdings die Einzige im Schlafsaal, die ich nicht kenne: Mary und Giovanni kommen kurz nach mir an, die Schweden Pierre und Silja ebenfalls, und der Kanadier Larry ist mit seinem Marschschritt lange vor uns allen eingetroffen.

Mit dem sächsischen Pilger aus dem Bett gegenüber mache ich mich bekannt, während meine Füße ihre wohlverdiente Ringelblumen-Massage bekommen. Der Sachsenpilger, wie ich ihn bei mir nenne (irgendwie kommen wir nie dazu, uns richtig vorzustellen), will wie viele, die jetzt auf dem Weg sind, pünktlich zum 25. Juli, dem Namenstag von Jakobus, in Santiago ankommen. Bei all meiner Vorbereitung ist mir die Sache mit dem Namenstag komplett entgangen. Der Sachsenpilger ist aus tiefster christlicher Überzeugung unterwegs, obwohl seine gesamte Umgebung ihn für verrückt erklärt hat – er spricht nämlich kein Wort Spanisch, Englisch oder irgendeiner anderer Fremdsprache. Dennoch: Wenn es das Bild eines Ideal-Pilgers gibt, dann kommt er ihm am nächsten. Voller Gottvertrauen, voller Freude und Dankbarkeit für die Erlebnisse eines jeden Tages, voller Neugier auf seine Co-Pilger, mit fast kindlicher Begeisterung und trotz der Sprachbarriere ohne die geringsten Berührungsängste: Ich erwische mich bei dem Gedanken, dass der Camino ein (noch) besserer sein könnte, wenn mehr Leute mit dieser Einstellung unterwegs wären.

Als ich später an die Rezeption gehe, um meine Wäsche aus der Waschmaschine zu holen (Wasch-maschine! Noch nie in meinem Leben hat frisch-gewaschene Wäsche so köstlich geduftet wie an diesem Tag!), werde ich mit italienischem Hallo und Ciao begrüßt: Mamma, Pappa und Elena sind eingetroffen. Sie bekommen das letzte Dreistock-Etagenbett in meinem Schlafsaal zugeteilt. Das wird jetzt wirklich lustig: Elena wirft sich mit dem Bauch voran auf das unterste Bett und weigert sich strikt, dieses wieder zu verlassen. Mamma bietet ihre ganze Geduld und Pappa seine gesamte Autorität auf, um sie davon zu überzeugen, in eines der oberen Betten umzuziehen: keine Reaktion. Mammas Geduld war schon an den vorigen Tagen zu sanftmütig, und Pappas Autorität hat noch nie sehr überzeugend gewirkt. Am Ende klettert die arme Mamma in das oberste Bett, während Pappa sich schnaufend in das mittlere zwängt. Von Elena kein Mucks mehr, bis Mamma sie auffordert, sich an der Zubereitung des Abendessens zu beteiligen. Ein kurzer, heftiger Anfall, aus dem hervorgeht, dass Elena im Moment keinen Hunger und im Allgemeinen keinen Bock mehr hat, dann zieht sie sich wieder das Kissen über den Kopf.

Beim Abendessen erfahre ich von Larry, wie schnell so ein Camino-Traum ausgeträumt sein kann: Monsieurs Karren, den ich am Vormittag in Sansol vor der Bar stehen sah, stand dort nicht, weil Monsieur einen Café con leche trinken wollte, sondern weil er die örtliche Apotheke aufsuchen musste. Irgendwas hat sich in seinem Arm entzündet, sodass er den Karren nicht mehr schieben konnte. Larry hat ihn unterwegs aufgegabelt und überredet, per Taxi in die nächste Stadt zum Arzt zu fahren. Ich kann gar nicht glauben, wie ungerecht das ist – da läuft dieser Mann aus tiefster Überzeugung seit Wochen durch Frankreich und Spanien, rettet mir gestern den Tag, in dem er mir einen Kugelschreiber schenkt, und heute wird er wegen kranker Arme aus dem Rennen geworfen, während ich Aushilfspilgerin unversehrt und blasenlos weiterlaufen darf.

Um acht Uhr wird zur Pilgermesse in die große Kirche geladen. Schöne Sache, das muss ich haben, denke ich, aber als ich in der Kirchenbank vor dem riesigen goldenen Altar mit den diversen bunten Statuen sitze und mich an die letzte Messe in Cirauqui erinnere, merke ich plötzlich: Nein, das muss ich nicht haben. Diese unheimliche Nachmurmeln von dem, was der Pfarrer vorspricht, dieses ständige Bekennen von Sünden und der eigenen Unvollkommenheit – nein, das brauche ich nicht! Also stehe ich auf und gehe hinaus. Ob ich außer hoffentlich in Santiago weitere Pilger-Messen besuche, überlasse ich der Tagesstimmung. Eine niederschmetternde Erkenntnis ist es aber schon, mitten auf einem Pilgerweg festzustellen, dass man mit dem Gottesdienst nichts anfangen kann.

Um noch einmal darauf zurückzukommen, was ich heute lernen sollte:

* Ich soll nie wieder einunddreißig Kilometer laufen – jedenfalls nicht bei Temperaturen von über fünfunddreißig Grad

* Ich soll öfter einfach aufstehen und gehen, wenn mir etwas nicht gefällt

* Ich soll endlich aufhören, meine Co-Pilger ständig zu unterschätzen – der fußkranke Landsmann, Miss Canada, Mamma, Pappa & Elena: Heute Morgen um sechs hatte ich nicht damit gerechnet, auch nur einen von ihnen jemals wieder zusehen, und dann wurden sie mir in Los Arcos im Zehn-Minuten-Takt serviert. Ich bin nicht die Einzige, die wild entschlossen ist, in Santiago anzukommen!

Navarrete, 2. Juli

Was für eine Nacht! Trotz der Anstrengungen des vergangenen Tages bekomme ich kein Auge zu. Der italienische Pappa sägt im Schlaf sämtliche Olivenbäume der letzten Etappe um, ich verliere einen meiner Ohrstöpsel und kann ihn in der Dunkelheit nicht wieder finden, zumal auch meine Taschenlampe ihren Geist aufgibt. In der ersten Hälfte der Nacht ist es stickig und heiß trotz des weit aufgerissenen Fensters, aber als dann endlich ein Gewitter niedergeht, trifft mich ein kalter Luftschwall nach dem anderen. Aus meinem mittleren Etagenbett herausklettern und Fenster schließen steht ohne Taschenlampe völlig außer Frage. Meine Untermieterin hat mir vor dem Schlafengehen weitere wütende Blicke zugeworfen, und ich befürchte ernsthaft, mit meinem Wanderstock erschlagen zu werden, sollte ich ihr nochmals aus Versehen zu nahe kommen.

Mein einziger Trost ist der MP3-Player, der die schlaflose Nacht immerhin musikalisch untermalt. Neben dem Hirschtalg für die Füße ist der MP3-Player momentan auf Platz eins meiner persönlichen Ausrüstungs-Hit-Liste!

Die Nacht aus Hapes Pilger-Bilderbuch ist früh zu Ende. Sobald ich das mittlerweile vertraute Rascheln und Wühlen von Mary und Giovanni höre, hüpfe ich in gebückter Haltung und unter weiträumiger Umgehung des Armes meiner Untermieterin aus dem Bett, schnappe meinen Schlafsack und den Rucksack und mache mich aus dem Staub. Mein endgültiger Aufbruch zieht sich allerdings noch etwas hin, weil meine gesamte Wäsche nach wie vor im Trockenraum auf der Leine hängt. Nach einem kurzen Frühstück – wer immer die Idee hatte, Kaffeeautomaten in Herbergen aufzustellen, hat ein gutes Werk getan – wandere ich unter bedecktem Himmel los.

Heute sollen es entspannte zweiundzwanzig Kilometer nach Navarrete werden, ich habe meine Lektion aus der gestrigen Hitzeschlacht gelernt und mache solchen Blödsinn nicht wieder. Die Etappe beginnt unspektakulär – der Sonnenaufgang hinter Viana ist wolkenverhangen – und wird nicht besser. Bald landet man an der Autobahn vor Logroño, wird durch Baustellen und Industriegebiet gelotst, dann auch mal an Weinbergen entlang – ich bin nicht mehr in Navarra, sondern in der Rioja –, schließlich taucht ein Haufen Hochhäuser hinter einem Hügel auf: Logroño. Und ehe man die Stadt erreicht, holt man sich bei einer älteren Dame in einem mit Wein bewachsenen Häuschen den schönen Stempel mit der Aufschrift „Higos – agua y amor" ab.

Logroño entpuppt sich als eine einzige Baustelle, in der Altstadt klaffen etliche Lücken zwischen alten Häusern. Als ich endlich eine halbwegs schöne Bank für mein zweites Frühstück gefunden habe, legen neben mir zwei Männer mit Laubbläsern los. Was tun die hier, bitteschön? Auch in Logroño ist doch Sommer! Energisch püstern sie vier schrumpelige Blätter über den Platz vor sich her. Ich will nur noch raus aus der Stadt, die ich mir so laut und hässlich nicht vorgestellt hatte. Natürlich übersehe ich im Straßengewühl einen Pfeil, muss nach dem Weg fragen und lande schließlich in einem riesigen Naherholungsgebiet voller Jogger und ohne Pilger. Es geht durch ein Wäldchen, an einem See vorbei und dann hoch in einen Weinberg. Von der letzten Anhöhe aus verläuft der Weg oberhalb der Autobahn. In den Maschendrahtzaun zur Autobahn hat irgendjemand ein Kreuz „für die Toten des Weges" gehängt, und weitere, aus Hölzchen und Gräsern gebastelte Kreuze sind gefolgt. Dutzende, Hunderte, Tausende – die ganzen schrecklichen Kilometer entlang der Autobahn hängen diese Kreuze im Zaun. Nach der schlaflosen Nacht und der hässlichen Strecke mein endgültiger Launekiller.

Immerhin ist Navarrete überraschend schnell erreicht. Die städtische Herberge ist noch geschlossen. Vor der nebenan liegenden Bar sitzen Larry, zwei weitere Pilger, die ich vom Sehen kenne, und zwei oder drei Leute, die ich gar nicht kennen will, weil sie genau so aussehen wie die Zottelpilger, denen ein Schild an der Kirche von Viana den Eintritt verwehrt: Mini-Shorts und Achselshirt, an allen Öffnungen tief ausgeschnitten und selbst für Pilgerverhältnisse extrem schmuddelig. Alle miteinander männlich, und allen leuchten die Augen, als das alleintippelnde blonde Frau um die Ecke biegt. Zweieinhalb Stunden, bis die Herberge öffnet, und dann womöglich ein Zimmer mit dieser Brut – genau dies ist der Augenblick, in dem meine Schmerzgrenze erreicht ist. Das muss ich mir nicht antun, nicht nach dem gestrigen Horrortag und der schlaflosen Nacht. Ich schnappe meinen Rucksack, murmel ein „See you, buen camino" in die Runde und mache mich auf die Suche nach der teuren privaten Herberge. Die kostet zehn statt vier Euro, hat einen Zwölfer-Schlafsaal, viel Platz und blitzsaubere Badezimmer.

Zuerst bin ich alleine, aber als ich mich eingerichtet habe, kommt die Hospitalera mit dem Sachsenpilger um die Ecke, und wenig später treffen auch Pierre und Silja ein. Alles wieder gut. Larry ist wohl nach Ventosa weitergezogen (grässliche Herberge, sagt der Sachsen-pilger, der seine Etappen nach den Unterkunfts-beschreibungen seines Wanderführers einteilt), Mary und Giovanni ebenfalls. Zottelpilger werden hier nicht auftauchen, aus dem einfachen Grund, weil private Herbergen deutlich teurer sind – wenn man denn zehn Euro für ein bequemes Bett und eine schöne Dusche teuer findet. Nur die Atmosphäre ist hier ganz anders als in den größeren Herbergen, da wir nur zu viert sind und uns bereits kennen. Es hat etwas von Familie an sich, wie wir da in der Küche sitzen: Der Sachsenpilger schreibt in sein Tagebuch, Silja verarztet Pierres Blasen, die von Tag zu Tag furchterregender aussehen, und ich inspiziere die Kochgelegenheiten.

Am Nachmittag mache ich mich auf die Suche nach dem Supermercado, den ich bei meiner Ankunft gesehen habe und der nun, drei Stunden später, vom Erdboden verschluckt zu sein scheint. Das Geheimnis lüftet sich, nachdem ich einmal mehr mein Camino-Spanisch ausgepackt habe: Das faszinierende Phänomen Siesta dauert immer länger, je weiter man nach Westen kommt. Hier machen die Geschäfte nachmittags eine halbe Stunde später wieder auf als noch gestern in Viana, und in der Siesta ist der Supermercado dermaßen gut verrammelt und verriegelt, dass ich zweimal an ihm vorbei gelaufen bin, ohne ihn zu bemerken.

Schließlich starte ich zum unkontrollierten Großeinkauf, denn ich futtere neuerdings wie ein Scheunendrescher. Kein Müsliriegel, keine Kekspackung, keine Erdnusstüte ist vor mir sicher. Nicht weiter verwunderlich, verbrate ich doch auch seit zwei Wochen pro Tag mehr Kalorien als je zuvor in meinem Leben – dennoch ein gewöhnungsbedürftiger Zustand. In Navarrete gibt es zum Abendessen Mikrowellen-Lasagne – in der Luxus-Herberge gibt es zwar eine Küche, aber keinen Herd – und als Nachtisch ein Doppelpack Joghurt, ein paar Kekse, einen Apfel und eine Tüte Erdnüsse. Und nach dem Abendessen krabbele ich sehr schnell in mein schönes, bequemes, ruhiges unteres Etagenbett.

Azofra, 3. Juli

Selten so gut geschlafen wie in dieser Nacht. Einundzwanzig Uhr Augen zu, fünf Uhr dreißig Augen auf – und niemanden mit Rascheln und Wühlen gestört, weil der Sachsenpilger und die Schweden genauso früh aufbrechen wollen.

Der Weg über Ventosa und Nájera ist eher unaufregend, die Steinpyramiden, die angeblich hinter Ventosa aufgestapelt sein sollen, gehen komplett an mir vorbei. Ich spaziere bei bedecktem Himmel durch Weinberge und Industriegebiet, mal vor, mal hinter den Schweden: Pierre hat furchterregende Blasen an den Füßen und gibt sich solche Mühe. Nach dem Gespräch mit ihm gestern in der Küche glaube ich, dass er sich das inzwischen wirklich nur noch wegen Silja antut. Der Camino war *ihr* großer Traum, fünfzehn Jahre lang (im Vergleich nehmen sich meine zehn bescheiden aus), und nun ist sie seit einer Woche nach jeder Herbergsankunft erst einmal damit beschäftigt, die täglich grausamer werdenden Füße ihres Mannes zu verarzten. Es ist mir ein Rätsel, wie er überhaupt noch laufen kann, geschweige denn fünfundzwanzig Kilometer pro Tag und mit Rucksack.

Bei Nájera bricht die Sonne durch die Wolken, wie immer wird es sofort sehr warm. In einem Supermarkt decke ich mich mit Proviant ein, und auf der ersten Bank am Fluss hinter der Brücke muss ich mir endgültig eingestehen, dass meine Essgewohnheiten sich verändert haben: Ich futtere das soeben erstandene Sechserpack Müsliriegel ratzfatz auf, gefolgt von einem klebrigen spanischen Kuchenteilchen, einem Apfel und einer halben Tüte Erdnüsse. Ein älterer Señor bleibt an meiner Bank stehen und teilt mir mit, dass es zur Herberge nur noch ein paar Schritte wären. Aber da will ich ja gar nicht hin! Ich will nach Azofra.

Hinter Nájera geht es zunächst einmal wieder bergauf, ehe der Pilger für die Industriegebiete und Autobahnen der letzten anderthalb Tage entschädigt wird: Unter dem strahlend blauen Himmel ziehen sich auf roter Erde Weizenfelder und Weinberge, soweit das Auge reicht. Dazwischen kein Dorf, kein Haus, nur Hügel und Felder, und am Horizont wieder Berge. Ich erwische mich bei dem Gedanken: „Wein, der hier wächst, MUSS gut schmecken". Azofra grüßt mit Storchennest auf dem Kirchturmdach und moderner Luxus-Herberge. Hier gibt es tatsächlich und ausschließlich Zweibettzimmer! Ein Pilgerparadies für sechs Euro! Und das größte Wunder: Das zweite Bett in meinem Zimmerchen bleibt leer. Die Schweden treffen ein und der Sachsenpilger, und auch Mary und Giovanni tauchen wieder auf. Die beiden haben heute einen Siebzehn-Kilometer-Bummeltag eingelegt, nachdem sie gestern bis Ventosa gelaufen sind.

Giovanni erzählt eine eigenartige Geschichte von unserem militärisch angehauchten kanadischen Co-Pilger Larry: Der hätte am Morgen um halb sieben in voller Regenmontur vor der Herberge von Ventosa gestanden, den Finger in den Wind gehalten und erklärt: „Heute wird es regnen." – „Woher willst du das wissen?" fragte Giovanni, woraufhin Larry in einem Ton, der keinen Widerspruch duldete, sagte: „Ich habe mit meinem Vater gesprochen." – Geregnet hat es dann den ganzen Tag über nicht, aber Giovanni ist immer noch am Rätseln, ob

Larry tatsächlich um sechs Uhr morgens von einem spanischen Dorf aus seinen Papa in Kanada angerufen hat, um sich den spanischen Wetterbericht googeln zu lassen. Die Geschichte ist lustig, aber ohne es begründen zu können habe ich das Gefühl, dass ich irgendein Detail übersehe.

Die Verwandtschaft und Bekanntschaft fragt an, was mir denn beim Laufen so durch den Kopf geht. Gerne würde ich darauf eine tiefschürfende Antwort geben und erklären, dass ich mich neben philosophischen und politischen Fragen mit der Suche nach Gott beschäftige und mit den beiden Ereignissen, die vor vier Jahren mein Leben auf den Kopf gestellt haben – das Sterben meines Vaters und dann, zwölf Monate später, der Verlust meines Arbeitsplatzes unter unschönen Umständen.

Die Wahrheit ist: Gott muss man hier nicht suchen, er ist allgegenwärtig, und mit meinen persönlichen Dramen habe ich mich ausführlich beschäftigt, als sie geschehen sind – heute stelle ich nur fest, dass ich ohne sie nicht auf diesem Weg wäre. Tatsächlich denke ich beim Laufen erschreckend profane Dinge: Wie weit ist es noch zur nächsten Herberge? Wo gibt's Wasser? Wo gibt's Müsliriegel? Was gibt's heute Abend zu essen? Werden heute Nacht Schnarcher im Schlafsaal sein? Wo laufe ich morgen hin? Oh, guck mal, eine Ameisenstraße! Und wie heißen diese gelben Blumen nochmal? – Aber möglicherweise ist es ja dieses Besinnen auf die einfachen und naheliegenden Dinge, das den Pilger zum Ziel führt.

Beim Abendessenkochen – bei mir gibt es drei Gänge, allerdings alle aus der Tüte, plus Obst, plus Erdnüsse – unterhalte ich mich mit einem deutschen Rennpilger (vierzig Kilometer plus X pro Tag), der Neues von unserem fußkranken Landsmann zu erzählen weiß: Der musste mittlerweile aufgeben. Das tut mir einerseits leid, andererseits bin ich inzwischen der Ansicht: Der Junge war einfach noch nicht reif für den Camino. Hirschtalg nach Hause schicken, statt auf die Füße schmieren, Co-Pilger anschweigen – so läuft das hier nicht. Man muss schon einen persönlichen Beitrag leisten. Nur laufen und Blasen aufstechen – da könnte man auch im Harz wandern gehen. Oder von Hamburg nach München spazieren. Ohne die Bereitschaft, sich auf seine Co-Pilger einzulassen, ohne die Gespräche, ohne das gegenseitige Grüßen, ohne die Freude, jemanden am Etappenziel wieder zu treffen, selbst wenn man vielleicht noch gar nicht viel miteinander geredet hat – ohne das funktioniert es nicht. Dann bekommt man Fußprobleme und muss abbrechen.

Während ich mit dem Sachsenpilger beim Abendessen sitze und den letzten Joghurtrest aus dem Becher kratze, taucht auf einmal der lebende Beweis für meine Theorie auf, dass einem auf dem Camino jeden Tag mindestens eine positive Überraschung erwartet. Da stehen plötzlich, erschöpft aber strahlend und braungebrannt, die beiden Lübecker in der Küche! Die habe ich seit einer Woche, seit Sanguesa, nicht mehr gesehen, und alle Co-Pilger, die ich in der Zwischenzeit gefragt habe, ob ihnen zwei

Deutsche mit großen Rucksäcken und einem Zelt aufgefallen wären, hatten den Kopf geschüttelt.

Die beidseitige Freude ist groß, die beiden haben nach einem Ruhetag in Sanguesa mehrmals dreißig Kilometer pro Tag durchgezogen. Und ich beklage mich über die Hitzeschlacht vor Viana! Mit diesem Tempo werden sie am Dienstag in Burgos am Stadttor stehen und mir zuwinken. Über die Tatsache, dass sie zwar einen Camping-Teekessel, nicht aber Teebeutel mitgenommen hatten, können sie mittlerweile selbst lachen. Der Teekessel wurde dann an der Eunate-Kirche fachgerecht zerlegt.

Redecilla del Camino, 4. Juli

Der heutige Tag war landschaftlich wieder eher uninteressant: Weizenfelder, Weizenfelder, und wem das noch nicht reicht: noch ein paar Weizenfelder. Mit Mohn, mit weißen Blumen, mit gelben Blumen, mit Disteln, mit Ich-weiß-nicht-was. Dafür habe ich zum ersten Mal die Pilgerautobahn erlebt, und das um halb sieben Uhr morgens: Auf dem langen Feldweg aus Azofra heraus reiht sich ein Rucksackträger an den nächsten. Pierre humpelt mit seinen Blasen seiner Silja hinterher. Der kleine Filipino aus Viana kämpft sich tapfer den Hügel hoch. Eine der beiden Polinnen hält sich mühsam an ihren Stöcken aufrecht. Everything OK? – Yes, yes! – Naja, sieht mir gerade gar nicht so aus, aber wenn sie meint … Gegen acht Uhr erreicht das tapfere

Trüppchen Cirueña, den Ort, der der Beweis für die tiefgreifende Wirtschaftskrise in Spanien ist. Ein Retortenort aus leerstehenden Neubauten, inklusive Swimming Pool, frisch gepflasterten Straßen und prachtvollen Laternen, der um diese Uhrzeit alle Kriterien für eine moderne Geisterstadt erfüllt.

Anschließend geht es weiter nach Santo Domingo de la Calzada, und auf halbem Weg dorthin spricht mich Franzose Samuel in fließendem Deutsch an, Medizinstudent, zu Fuß aus Dijon kommend. Wichtigstes Accessoire in seinem Rucksack: seine Blockflöte. Unterwegs ist er, weil seine Freundin für sechs Wochen in Nepal ist und er sich alleine langweilt. In Frankreich zu wandern war schön – das finde ich auch – aber Spanien findet er doof, und er will nur noch eines: in Santiago ankommen. Mir kommt der Gedanke, dass der Tag, an dem ich wirklich nur noch in Santiago *ankommen* will, der Tag wäre, an dem ich den Camino abbreche. So funktioniert das nämlich auch nicht. Das abgenutzte Sprichwort „Der Weg ist das Ziel" wird hier jeden Tag mit neuem Sinn erfüllt – wenn man sich darauf einlässt. Und dann kann Santiago irgendwann gar nicht weit genug entfernt liegen. – Trotz unserer in allen Beziehungen gegensätzlichen Ansichten führen wir ein interessantes, tiefgründiges Gespräch, die Art von vertrautem Gespräch mit einem Wildfremden, wie sie wahrscheinlich nirgendwo auf der Welt so häufig vorkommt wie auf dem Jakobsweg.

Gemeinsam spazieren wir in die Stadt hinein und frühstücken vor der noch geschlossenen Kathedrale.

Schließlich läuft Samuel getreu seinem Motto, so schnell wie möglich in Santiago anzukommen, weiter, während ich mir die Kathedrale anschaue – es ist die mit den berühmten Hühnern. Weit mehr beeindrucken mich aber die zwölf Storchennester, die ich später beim Verlassen der Stadt passiere, inklusive klappernder und fliegender Bewohner. Das finde ich viel sensationeller als die gackernden Hühner. – Auf dem Rest des Weges gibt es Weizenfelder. Und Weizenfelder. Und noch mehr Weizenfelder.

Das Tagesziel heißt eigentlich Grañon, aber das kommt mir vor Ort albern vor: Tagelang beklage ich mich über die Hitze, und heute, wo es angenehm bedeckt ist, will ich um halb eins bei Kilometer zweiundzwanzig Feierabend machen? Also spaziere ich nach einer Pause weiter bis Redecilla del Camino. Auf dem Weg dorthin überquere ich die Grenze nach Castilla y León und passiere noch mehr … Weizenfelder. Hier fällt es dann doch ins Auge, dass das reiche Navarra weit hinter mir liegt, Redecilla del Camino wirkt ziemlich heruntergekommen. In der Herberge, die hinter einer Bar versteckt ist, hält die Hospitalera mir einen abgegriffenen Hefter mit schmuddeligen Fotos von verschiedenen Gerichten unter die Nase – daraus kann ich mir mein abendliches Pilgermenü zusammenstellen, wenn ich will. Eine Gelegenheit zum Essen lasse ich mir dieser Tage sicher nicht entgehen, obwohl der Zustand des Hefters nicht gerade appetitlich wirkt. Das Essen auf den zerknitterten Bildern sieht allerdings gut aus, und wenn's nicht schmeckt: Da diese Herberge auf Spendenbasis läuft, kann ich selbst entscheiden, wie viel es mir wert ist. Alternativen gibt es im Ort ohnehin nicht.

Bald nach mir treffen auch Mary und Giovanni ein. Während wir darauf warten, dass zwei Waschbecken für die tägliche Handwäsche frei werden, plaudern Mary und ich über zwei eigenartige Phänomene: Erstens, warum sind hier deutlich mehr Kanadier als US-Amerikaner unterwegs? Kanadier treffe ich hier jeden Tag, US-Amerikaner habe ich noch nicht einen einzigen gesehen. Folge der Wirtschaftskrise? Oder sind Kanadier einfach beweglicher? Kanadier haben übrigens immer einen Aufnäher mit Landesflagge am Rucksack, damit man gar nicht auf die Idee kommt, sie mit ihren großen Nachbarn zu verwechseln, betont Mary. Das hatte mir schon Miss Canada erklärt. Zweitens, wie kann es angehen, dass Mary und Giovanni jeden Tag deutlich vor mir starten, definitiv schneller laufen als ich und trotzdem stets nach mir ankommen?

Es hat etwas mit Pausen und Lauf-Rhythmus zu tun, die beiden machen eine ausgedehnte Frühstücks- und eine lange Mittagspause, während ich mal hier und mal da stehen bleibe und dort Pause mache, wo die Aussicht schön ist. Dann ist da noch der Ein-Stock-Zwei-Stock-Unterschied, der mir schon bei anderen Pilgern aufgefallen ist: Pilger mit zwei Nordic-Walking-Stöcken wie Mary und Giovanni laufen in einem regelmäßigeren Rhythmus als ich mit meinem einzelnen Stock. Auf ebenen Strecken bin ich relativ schnell, sobald es bergauf geht, werde ich sehr langsam, und wenn es (steil) bergab geht, werde ich zur Schnecke.

Das abendliche Pilgermenü ist dann die positive Überraschung des Tages: Das Essen sieht tatsächlich so gut aus wie auf den Fotos, und es schmeckt köstlich.

Villafranca Montes de Oca, 5. Juli

Der Tag beginnt bedeckt und meinerseits lustlos. Es ist auch wirklich nicht schlau, einen sonntäglichen Wandertag um halb sieben mit nur einem Gedanken zu beginnen: Ich muss einen Supermarkt finden! Dieses Vorhaben ist in den ersten beiden Orten hinter Redecilla natürlich nicht von Erfolg gekrönt. Dafür wird mir klar, weshalb Kerkelings Österreicherin jeden mit ihrer G'schäfterl-Frage genervt hat: Die arme Frau litt einfach wie ich an unkontrollierbaren Hungerattacken und brauchte Müsliriegel.

Hinter Viloria stolpere ich zuerst über das Zelt der Lübecker am Wegesrand, dann plaudert mich ein älterer Señor an – genauer gesagt: Er überholt mich, bleibt dann ein paar Schritte weiter stehen und fuchtelt wie wild mit der rechten Hand in Richtung des Weizenfeldes auf der anderen Straßenseite. Schließlich verstehe ich, was er meint: Irgendein Tier, wohl ein Reh, hüpft durchs Feld. Wie der Señor das mit bloßem Auge und ohne Brille erkennen konnte, ist mir ein Rätsel.

Señor spaziert die nächsten drei Kilometer bis Villamayor neben mir her: Er ist den Camino auch zweimal gegangen. Momentan seien deutlich weniger Pilger unterwegs als im Mai und Juni. Freut mich zu hören – einerseits. Anderseits sinkt damit die Wahrscheinlichkeit, dass ich die Isomatte, die ich seit sechzehn Tagen oder dreihundertsechzig Kilometern durch die Gegend trage, jemals benutzen werde!

In Belorado entdecke ich noch mehr Storchennester auf dem Kirchturm, dann einen Geldautomaten, aber immer noch kein geöffnetes G'schäfterl, geschweige denn ein Café. Nur der Zeitungsladen verkauft klebrige Donuts, Schokoriegel und Chips. Da freut sich jeder Ernährungsexperte, aber egal: Ich brauche Proviant. Dass der am Tagesziel Villafranca angeblich vorhandene Laden geöffnet sein könnte, halte ich kaum für möglich. Morgen hinter Villafranca kommt auf jeden Fall kilometerlang gar nichts. Meine letzte Hoffnung ist die Tankstelle am Ortsausgang hinter Belorado. Dort kann ich meinen schrumpfenden Vorräten immerhin noch eine Rolle Kekse hinzufügen.

Der Rest des Weges gestaltet sich idyllisch zwischen Weizenfeldern. Die Sonne ist herausgekommen, ein Ort reiht sich nach wenigen Kilometern an den nächsten. Das verkürzt die gefühlte Entfernung enorm. Es ist immer hilfreich, wenn das nächste Dorf schon in Sichtweite ist. Die Häuser sind entweder liebevoll gepflegt oder befinden sich in verschiedenen Stadien des Verfalls. Kein Wunder, dass Pilger hier überall mit offenen Armen empfangen werden: Ohne uns würden in dieser Region wahrscheinlich bald die Lichter ausgehen. Denn außer Weizenfeldern und Camino ist hier nichts.

Die Herberge von Villafranca befindet sich direkt an der auch am Sonntag von LKWs stark befahrenen Hauptstraße. Die Hospitaleros kommen erst am frühen Abend zum Stempeln und Kassieren vorbei, man kann sich einrichten, wie man will, und so suche ich mir zielstrebig ein Bett in dem rückwärtigen, von der Straße abgewandten Schlafsaal.

Mary und Giovanni treffen kurz nach mir ein und schlagen vor, dass wir zusammen essen gehen. Essen! Ich! Immer! Da Mary von einer akuten Hungerattacke gequält wird – kann ich sehr gut nachvollziehen! – und die Etappe nicht allzu schweißtreibend war, tauschen wir nur die Wanderstiefel gegen Flipflops und spazieren ungeduscht und in unseren Wanderklamotten zur nächsten Bar. Die nächste Bar entpuppt sich als verqualmter Truckertreff und bietet nur Tapas, kein Pilgermenü. Ein netter Spanier löst sich aus der Menge und spricht uns an: Wenn wir Pilger wären, sollten wir es mal in dem gelben Haus gegenüber der Kirche probieren. Wir spazieren also zur Kirche. Am Eingang des großen gelben Hauses empfängt uns eine elegant gekleidete Dame. Pilger, sí, sí, wir sollen mal mitkommen. Wir werden einen gelb-weinrot gestrichenen und mit goldenen Spiegeln verzierten Gang entlang geführt. Der Hotelfachfrau, die sich in dem verstaubten Wanderzeug und den Flipflops versteckt, geht endlich ein Licht auf: Wir befinden uns im örtlichen Romantik-Hotel. Und da der Gang, den die elegante Dame uns entlang führt, offensichtlich bei den Toiletten endet, sollen wir dort wohl entsorgt werden. Kann ich gut verstehen, ich weiß, wie ich noch vor drei Wochen bei der Arbeit Leute angeschaut hätte, die in meinem Aufzug auch nur in die Nähe des Hotel-Restaurants gekommen wären. Der Gang biegt aber unvermittelt ab, und wir stehen plötzlich in einem geschmackvoll eingerichteten und feierlich eingedeckten Speisesaal. Uns werden die Stühle zurechtgerückt – ich erwarte fast, dass man sie mit Plastik abdeckt, bevor wir uns setzen dürfen, aber nichts dergleichen geschieht. Wir werden äußerst freundlich und zuvorkommend bedient und bekommen das leckerste Pilgermenü der letzten drei Wochen serviert. Selbst die Flasche Wasser, die wir nachbestellt haben, erscheint nicht auf der Rechnung. Und das alles nur, weil wir beschlossen haben, wochenlang zu Fuß durch die Gegend zu laufen!

Zurück in der Herberge erwartet uns nach dem Duschen und Wäschewaschen die nächste Über-raschung des Tages: Die Schweden sind wieder da! Trotz Pierres Blasen sind sie fast dreißig Kilometer aus Grañon hierhergelaufen. Nun sind die Blasen allerdings so entzündet, dass sie morgen nicht laufen, sondern warten werden, bis das medizinische Zentrum neben der Herberge öffnet. Wie sie den Weg dann fortsetzen, wissen sie noch nicht.

Zum Schreiben suche ich mir die schattige Bank neben dem Hotel aus. Der Blick geht auf die Weizenfelder vor dem Ort und die Kirche – und kaum habe ich mein Buch aufgeklappt, tauchen die Lübecker wieder auf. Zwei Nächte vor ihrem Endziel Burgos haben sie sich das Hotel gegönnt, beziehungsweise: Sie haben einfach mal aus Neugier nach den Preisen gefragt. Zum Pilgertarif von fünfundvierzig statt neunzig Euro konnten sie dann nicht nein sagen. Ja, so etwas werde ich mir auch gönnen … wenn ich in Santiago angekommen bin.

Burgos, 6. Juli

Und einmal mehr befinde ich mich auf dieser Reise abends an einem Ort, den ich morgens noch nicht auf der Rechnung hatte. Der ursprüngliche Plan für heute lautete: Sechsundzwanzig Kilometer nach Cardenuela, vielleicht auch nur bescheidene neunzehn bis Atapuerca, je nachdem, wie sich die ersten zwölf von Villafranca nach San Juan de Ortega entwickeln. Die Etappe beginnt nämlich mit einem Aufstieg in die Montes de Oca, den mein Wanderführer als „steil bergauf" beschreibt. Da mein Wanderführer mit den Worten „steil" und „bergauf" normalerweise geizig umgeht, sehe ich dem Tag mit Respekt entgegen.

Die Nacht ist um halb sechs zu Ende, und obwohl ich selbst früh aufstehen wollte, frage ich mich: Wie können so viele Leute so rücksichtslos laut sein? Türen werden aufgerissen und zugeschlagen, die Küchenbank hin und her geschoben, Geschirr klappert, wer noch schläft, dem wird mit der Stirnlampe ins Gesicht geleuchtet. Während ich im Vorraum meinen Rucksack packe, brüllen zwei spanische Pilger einander von Etage zu Etage ihren Tagesplan zu. Einer der beiden hat gestern Abend in der Mini-Herbergsküche ein Notebook ausgepackt und seinen Jakobsweg-Blog aktualisiert. Na gut, ich habe schon Pilger gesehen, die kiloweise Foto-Ausrüstung durch die Gegend schleppen, aber ein Notebook?!

Die Atmosphäre ist so unangenehm, dass ich zum Frühstück vor die Tür flüchte. Zum Laufen ist es mir ohnehin noch zu finster – ich laufe nicht gerne im Dunkeln, und schon gar nicht, wenn das erste Stück aus einem Aufstieg in ein Waldgebiet besteht. Auch das gehört übrigens zu den Dingen, die mir bei Beginn meiner Reise nicht klar waren: Da zwischen Deutschland und Spanien keine Zeitverschiebung mehr existiert, Spanien aber ja viel weiter westlich liegt, ist es hier zu einer Jahreszeit, zu der in Norddeutschland um fünf die Sonne aufgeht, um sechs noch stockfinster. Dafür bleibt es abends so lange hell, dass man um halb elf noch ohne Licht lesen kann.

Sobald es hell genug ist, spaziere ich los. An der Kirche und dem Hotel vorbei, und dann beginnt auch schon der steile Anstieg in die Montes de Oca. Der Weg führt durch einen märchenhaft nebelverhangenen Wald mit von Flechten bewachsenen Eichen. Den Boden bedecken Farne und lilablühendes Heidekraut. In dieser Umgebung ist es nicht schwer sich vorzustellen, was mein Wanderführer über die Montes de Oca zu berichten weiß: Dass hier zu mittelalterlichen Pilgerzeiten Räuber und Banditen ihr Unwesen trieben. Andererseits: Sollte neben dem nächsten gelben Pfeil Schneewittchen mit den sieben Zwergen stehen, wäre ich auch nicht weiter verwundert.

Der Anstieg ist überraschend schnell bewältigt und längst nicht so schwer wie erwartet. Oder bin ich einfach fitter als vor zwei Wochen in den Pyrenäen? Der Weg mündet auf einen schnurgeraden Waldweg, der genauso gut durch den Harz führen könnte. Rechts Nadelbäume, links Nadelbäume und über mir ein bedeckter Himmel. Da kommt man gut voran, und als ich schließlich die Klostergebäude von San Juan de Ortega vor mir im Tal liegen sehe, kann ich nur staunen: Über drei Stunden hat mein Wanderführer für diese Strecke veranschlagt (und die Verfasserin ist definitiv eine Rennpilgerin!) – ich war jetzt nur zweieinhalb unterwegs und bin trotz des Anstiegs nicht im Geringsten erschöpft. Da kann ich dem Rest des Tages ganz entspannt angehen und mich in San Juan gemütlich zu Mary und Giovanni gesellen, die bereits bei Café con leche und Bocadillo vor der Bar sitzen.

Nachdem ich mich mit Koffein und Schokoladengebäck für das Frühstück vor der Herbergstür entschädigt habe, schauen wir uns die Klosterkirche an. Und in dieser stillen, leeren Kirche ist plötzlich mein verstorbener Vater in meinen Gedanken. Oh ja, ich weiß ganz genau, was er zu meiner Jakobsweg-Idee gesagt hätte: „Du bist verrückt geworden! Mach was Vernünftiges!", – aber je näher mein Aufbruch gerückt wäre, desto begeisterter wäre er gewesen, und irgendwann, vermutlich genau zum jetzigen Zeitpunkt, wo ich fast vierhundert Kilometer ohne größere Probleme gelaufen bin und die Wahrscheinlichkeit täglich höher wird, dass ich auch noch die übrigen fünfhundert schaffe, hätte er mit stolz geschwellter Brust jedem, der ihm in den Weg käme, von SEINER Tochter erzählt, die den GANZEN spanischen Jakobsweg ALLEIN läuft. In diesem Augenblick wünsche ich mir nichts mehr, als ihm wirklich vom Weg erzählen zu können – von Angesicht zu Angesicht und nicht nur in meinen Gedanken.

Ehe der Kloß in meinem Hals zu mächtig werden kann, nehmen mich Mary und Giovanni am Kirchenportal in Empfang. Gemeinsam laufen wir weiter. Wir tauschen Pilgerklatsch aus: Giovannis Lieblingsgeschichte von dem Kanadier Larry, der morgens um halb sieben in voller Regenmontur vor einer Herberge stand und verkündete, es würde heute regnen, er habe gerade mit seinem Vater gesprochen. Ich habe wieder das Gefühl, dass bei dieser Geschichte irgendein Detail fehlt, und Giovanni hat immer noch nicht herausgefunden, ob Larry tatsächlich in Kanada angerufen hat, um sich den spanischen Wetterbericht googeln zu lassen – und da Larry uns jetzt mindestens einen Tag voraus ist, wird sich das wohl auch nicht mehr klären lassen.

Von anderen gemeinsamen Pilgerbekannten kann Giovanni auch erzählen: Mamma, Pappa und Elena aus Italien. Offensichtlich war Elena schon in Roncesvalles schlecht gelaunt. Hauptsächlich ist die Familie ihm aber in Erinnerung geblieben, weil während der Pilgermesse in Roncesvalles Pappas Handy in voller Lautstärke zu klingeln begann ... aber man sollte seine Co-Pilger nie unterschätzen: Auch diese drei, die ich zwischenzeitlich mehrfach am Rande des Erschöpfungstodes gewähnt habe, haben uns mittlerweile überholt.

Vor einem anderen Pilger laufen wir an diesem Tag selbst davon: vor dem Spanier mit dem Notebook. Giovanni hat ihn B52-Bomber getauft, weil er ihm seit Roncesvalles mehrere schlaflose Nächte beschert hat. In Villafranca hat er in dem anderen Raum geschlafen, aber Giovanni ist sicher, sein Schnarchen auch durch die Wand gehört zu haben. Sobald er B52 unterwegs sichtet, gibt er Fersengeld. Mich lässt B52 an die Hospitalera von Cirauqui denken, die uns so eindringlich geraten hat, um spanische Pilger einen großen Bogen zu machen.

Unser Tagesziel Cardeñuela erreichen wir um zwölf Uhr. An einer Hauswand prangt ein Graffiti, das gerne in Wanderführern auftaucht, ein Pilger, der unter der Last seines überdimensionalen und mit vielen unnötigen Dingen gefüllten Rucksacks schwitzt. Ansonsten ist der Ort menschenleer und wirkt … tot. Es ist definitiv *nicht* der Ort, an dem ich den Rest eines langen Tages verbringen möchte, und Mary und Giovanni geht es ähnlich. Da die Herberge ohnehin erst am Nachmittag öffnet, hocken wir uns erst einmal auf die Terrasse der Bar und beratschlagen bei einem Bocadillo. Das Problem ist, dass sich die nächste Herberge erst in Burgos befindet, und bis dahin sind es noch sechzehn Kilometer. Das Wetter ist perfekt zum Wandern, und wir fühlen uns alle drei noch fit und fröhlich, aber wir haben auch alle drei schon sechsundzwanzig Kilometer in den Beinen.

Meine Bemerkung, das allerletzte Stück nach Burgos hinein könnte man ja auch mit dem Bus fahren, zumal die Strecke entlang der Einfallstraße wirklich schaurig sein soll, kommentiert Giovanni mit einem entsetzten Kopfschütteln: Den Bus nimmt kein anständiger Pilger. Nur die schönen Strecken laufen und bei den unangenehmen mit dem Bus fahren, das geht gar nicht, das Leben an sich würde ja auch nicht nur aus schönen Seiten bestehen. – Naja, wir haben da wohl unterschiedliche Denkansätze. Angeblich gibt es kaum einen Pilger, der den Camino Francés läuft und zwischendurch nicht mindestens einmal auf Bus, Bahn oder Taxi umsteigt. Wenn ich heute aus eigener Kraft nicht mehr nach Burgos komme, dann muss mir halt der Bus helfen … dann erinnert mich mein Gewissen daran, wie schlecht es sich auf der Busfahrt zum Somport gefühlt hat.

Die endgültige Entscheidung pro oder contra Burgos fällt, als Giovanni etwas grün um die Nase von der Toilette zurückkehrt. Da die Herberge von der Bar aus betreut wird, haben wir jetzt ungefähr eine Vorstellung davon, was uns dort erwartet. Weitere sechzehn Kilometer sind definitiv das kleinere Übel.

Wir spazieren munter los. Die ersten Kilometer sind vertraute Getreidefelder, aber schon bald macht sich das Einzugsgebiet von Burgos bemerkbar. Angeblich gibt es einen zweiten Weg über Castañares, der kürzer und schöner ist als die Originalroute, aber irgendwie übersehen wir die entsprechende Abzweigung, und dann stehen wir bereits in Villafría auf der Einfallstraße nach

Burgos und müssen eigentlich nur noch geradeaus laufen. Eigentlich nur noch geradeaus. Dieser Tag, der bisher leicht bedeckt und relativ kühl war, verwandelt sich am Nachmittag doch noch in einen echten Sommertag. Schatten am Weg? Fehlanzeige. Nun machen sich auch die dreißig plus X Kilometer, die wir unterwegs sind, bemerkbar.

Die mehrspurige Straße führt durch ein nicht enden wollendes Industriegebiet, überquert die Autobahn und mündet in ein weiteres Industriegebiet. Auf der anderen Straßenseite sehen wir B52 in einen Bus steigen. Irgendwann wird die Bebauung städtischer, immerhin gibt es jetzt Hochhäuser, in deren Schatten wir laufen können. Aber das Zentrum von Burgos scheint immer noch unendlich weit entfernt, und keine der Innenstadtkarten in unseren kanadisch-italienisch-deutschen Wanderführern kann uns einen Anhaltspunkt geben, wo wir uns ungefähr befinden. Anders gesagt: Da wir uns noch nicht auf den Innenstadtkarten befinden, ist das Zentrum nach wie vor ziemlich weit weg. Ich bewege mich wie ein Roboter, den Blick fest auf Giovannis Füße geheftet: Solange die laufen, laufe ich auch.

Es ist eigenartig, was Erschöpfung mit uns anstellt: Mary bekommt kein Wort mehr über die Lippen. Ich hingegen plappere unkontrolliert vor mich hin. Giovanni ist sichtbar angestrengt, scheint aber auch zu merken, dass wir uns nur noch fortbewegen können, solange er, der Mann in unserem Wanderverein, weiterläuft. Also geht er mit gutem Beispiel voran. Nach vier Stunden erreichen wir endlich das Zentrum von Burgos.

Einundvierzig Komma sieben Kilometer, sagt mein Wanderführer. So weit bin ich noch nie in meinem Leben an einem Tag zu Fuß gelaufen. Schon gar nicht mit einem Rucksack auf dem Rücken!

In Burgos gibt es drei Herbergen. Die erste befindet sich am Stadtrand, da läuft heute von uns keiner mehr hin. Die zweite Herberge im Zentrum nahe der Kathedrale ist uns mit über hundert Betten schlicht und einfach zu groß – wir beherzigen weiterhin den Ratschlag der Hospitalera aus Cirauqui, die uns kleine Herbergen ans Herz gelegt hat. Außerdem ist die Wahrscheinlichkeit hoch, dass B52 sich ebenfalls die Großherberge ausgesucht hat. Der Gedanke, nach diesem Marsch von einem spanischen Extrem-Schnarcher um den Nachtschlaf gebracht zu werden, weckt in uns allen ungeahnte Energien. Die dritte Herberge liegt auch im Zentrum und hat nur zwanzig Betten. Ich drücke und ziehe vergeblich an der Tür, dann stellen wir fest: Hier geht's gar nicht zur Herberge, sondern zur Kapelle. Zur Herberge führt die Wendeltreppe links von uns. Nach dieser letzten Prüfung an unserem Einundvierzig-Kilometer-Tag befinden wir uns in einem großen Raum, in dem zehn Etagenbetten stehen. Die winzige Küche mit zwei Duschen ist im hinteren Teil untergebracht.

Eine leicht abwesend wirkende Hippie-Hospitalera deutet auf Stühle und Bänke, auf die wir dankbar fallen, und erklärt: Drei Betten, ja, die hat sie gerade noch frei. Normalerweise sei die Herberge um diese Uhrzeit bereits voll, aber da sie erst heute Mittag bemerkt hat, dass sie heute Morgen vergessen hat, das Completo-Schild von der Tür zu nehmen, kann sie uns noch aufnehmen. Definitiv die positive Überraschung des Tages! In dem Raum herrscht die gemütliche Atmosphäre eines WG-Wohnzimmers, da macht es mir auch nichts mehr aus, dass meine armen Beine zum Schlafen in ein oberes Etagenbett krabbeln müssen.

Am frühen Abend bin ich immerhin so weit regeneriert, dass ich mich zu einem Stadtbummel aufraffen kann. Der endet vor der Kathedrale, wo ich mit Mary und Giovanni verabredet bin, die wie jeden Abend die Messe besuchen. Die Messe wird in einer Seitenkapelle gefeiert, die Kathedrale an sich ist für Besichtigungen bereits geschlossen: Das holen wir morgen Früh nach. Während ich auf dem Steinsims vor dem Westportal sitze, kommt ein junger französischer Pilger, den ich aus Viana kenne, die Treppe herauf gehumpelt. Er ruft mir nur eine Zahl zu: „Fiftysix!" – Fiftysix was? Stufen? Tage? Co-Pilger? – Nein, Kilometer am heutigen Tag. Ich bin vollkommen fassungslos, und anstatt ihm zu seiner sportlichen Höchstleistung zu gratulieren, halte ich ihm einen Vortrag darüber, dass er seine Gesundheit, seine Füße und seinen Camino riskiert. Aber das weiß er eigentlich auch selbst, so mühsam, wie er die Treppen wieder hinunter humpelt.

Als Nächstes grüßt mich eine dicke blonde Frau, die ich in meinem ganzen Leben noch nie gesehen habe und die mich für eine alte Bekannte zu halten scheint. Oder habe ich sie vielleicht doch schon einmal gesehen? Allmählich verliere ich den Camino-Überblick.

Als Giovanni und Mary aus der Messe kommen, ist es erstaunlich kühl geworden. Wir flüchten uns in die Salvador-Dalí-Ausstellung, die die Hippie-Hospitalera uns empfohlen hat: Pilger hätten freien Eintritt (Normalsterbliche auch, wie wir vor Ort feststellen).

So endet dieser Tag, der im Morgengrauen im Märchenwald hinter Villafranca begonnen hat, einmal mehr vollkommen unvorhersehbar zwischen Dalís Illustrationen zur Göttlichen Komödie.

Von Anfang an habe ich jeden Tag auf dem Weg als Geschenk empfunden. Jeden Abend frage ich mich vor dem Einschlafen, was mir morgen an wundersamen Dingen widerfahren wird. Und jeden Tag denke ich mindestens einmal, dass das alles hier nur ein schöner Traum sein kann und ich beim nächsten Weckerklingeln nicht in meinem Schlafsack in einem Herbergsbett liegen werde, sondern unter meiner Hamburger Bettdecke.

7. Juli

Da haben wir den Salat: Es ist der Punkt erreicht, an dem ich nicht mehr weiß, wo ich mich befinde. Hornillas? Hornillo? del Camino? del Campo? de las Calzadas? – Diese Orte haben alle ähnliche Namen, und die Grundregel lautet: je länger der Name, desto kleiner das Kaff.

Heute Morgen schnuppere ich noch Großstadtluft. Nach Ausschlafen auf Pilgerart (sieben Uhr) nehmen Giovanni, Mary und ich das Frühstück im Café an der Kathedrale, die erst um halb zehn öffnet. Frühstück: O-Saft, Joghurt, Kaffee, Riesen-Schokoladenbrötchen – Pilgervater Kerkeling würde das Herz lachen. Und wer sitzt beim Verlassen des Cafés in Damenbegleitung davor? Der Sachsenpilger! Die Freude ist groß. Später in der Kathedrale treffen wir uns wieder. Seine Damen-begleitung ist aus Québec und spricht nur Französisch. Trotzdem unterhalten sie sich freundschaftlich mit Händen und Füßen. Ich übersetze ein wenig. Dann erzählt er, weshalb er überhaupt schon in Burgos ist: Er hat sich das Knie verdreht – vertreten – was auch immer. Weiterlaufen ist momentan unmöglich. Er will pausieren und eventuell die letzten hundert Kilometer in kleinen Etappen laufen. Der arme Kerl! Er ist den Tränen nahe, und die ganze Geschichte ist auch einfach unglaublich ungerecht. Mit seinem Gottvertrauen, seiner Naivität, seiner Freude an allem und der Bereitschaft, sich trotz nicht vorhandener Sprachkenntnisse mit allen und jedem zu unterhalten verkörpert er pilgrim's spirit at its best – und wird dann aus dem Rennen geworfen! Während mir, der Aushilfspilgerin, weder Knie noch Sonnenbrand schmerzen und meine Füße sich selbst nach den gestrigen vierzig Kilometern so weich wie ein Baby-Popo anfühlen – Vaseline und Ringelblumensalbe sei Dank.

Als ich die Kathedrale verlasse, wird zweistimmig mein Name über den Platz gerufen – wie immer zum rechten Zeitpunkt sind die Lübecker eingetroffen! Nach den fälligen Abschiedsfotos trennen sich unsere Wege dann endgültig, denn für sie ist Burgos der Endpunkt ihrer Wanderung, während für mich gerade das zweite Drittel beginnt.

Giovanni, Mary und ich spazieren entspannte fünf Stunden oder zwanzig Kilometer aus Burgos hinaus, an spektakulären … Weizenfeldern entlang und in die gefürchtete Meseta hinein, bis zu diesem Ort, der in einer Senke liegt und wahrscheinlich gar nicht Hornillos del Camino heißt, sondern Hornillos de los Alemanes. Da man Santiago von Burgos aus in drei Wochen erreichen kann, und dies der erste Etappenort nach Burgos ist, sammeln sich hier die deutschen Ferienpilger. Die tauschen sich aufgeregt über ihren ersten Wandertag aus, über ihre ersten Blasen, ihren ersten Sonnenbrand und ihre erste Herberge. Irgendwie mal wieder typisch, dass ich meinen ersten Wandertag (der ganz sicher weit aufregender war als ein fünfstündiger Spaziergang von Burgos nach Hornillos del Irgendwas) mit mir selbst ausmachen musste!

Ebenfalls in Hornillos untergekommen ist die dicke blonde Frau, die mich gestern vor der Kathedrale so begeistert begrüßt hat. Allerdings hat die heutige Hitze sie so entkräftet, dass die Hospitalera (die der Meinung ist, ich würde die osteuropäische Sprache der Dame sprechen und mich mal wieder dolmetschen lässt) sie sofort auf das letzte freie untere Etagenbett verlegt und ihr Schlaf und Wassertrinken verschreibt. Das letzte freie untere Etagenbett entpuppt sich als bereits belegt von einem noch faltenfreien deutschen Pärchen, das mit den feinen Details der Pilger-Etikette noch nicht vertraut ist. Eine dieser ungeschriebenen Regeln besagt: Pärchen belegen nicht zwei untere Etagenbetten, Pärchen teilen sich ein Etagenbett, einer oben, einer unten. Selbst Giovanni und Mary, die gar kein Pärchen sind, halten sich daran.

Auf jeden Fall entstehen so einiges sehr deutsches Geschimpfe und Beleidigtsein, bis die arme dicke Frau endlich ihren müden Körper auf das untere Bett legen darf. Das faltenfreie Pärchen verzieht sich auf die obere Etage seines Bettes, um das zu tun, was Pilger gemeinhin und in ALLEN Sprachen tun, um zu signalisieren, dass sie sich jetzt mit dem spirituellen Aspekt ihres neuen Daseins auseinandersetzen: Sie lesen demonstrativ in Coelhos Jakobswegbuch. Noch so eine Qualifikation, die mir zum echten Pilger fehlt. Das Interesse an dem Coelho lässt aber schlagartig nach, als ich anfange, meine Sachen für den nächsten Tag bereitzulegen. Statt in ihr Buch starren sie mich an, als ob sie noch nie jemanden gesehen hätten, der Wandersocken, ein T-Shirt und Zahnputzzeug zusammenräumt. Für einen Moment fühle ich mich wirklich begafft wie ein Tier im Zoo, und ich flüchte aus dem engen Schlafsaal, um irgendwo ungestört von Co-Pilgern meine misanthropische Laune zu pflegen. Das funktioniert nicht ganz: Erstens hocken in diesem Ort auf jedem Stuhl, jeder Bank und jedem Mauervorsprung frisch eingetroffene Pilger, verarzten ihre Füße und plappern über ihre Erlebnisse. Zweitens sitze ich keine fünf Minuten in relativer Ruhe im schattigen Eingang zur Kirche, als sich Marco zu mir gesellt und wie jeder gute Spanier meine Auskunft „No hablo Español" als Einladung ansieht, ein spanisches Gespräch mit mir anzufangen.

Marco ist acht Jahre alt und kein Dorfjunge, wie ich vermutet hatte, sondern selbst als Nachwuchs-Pilger unterwegs. Die spinnen, die Spanier! Aber als sich zu Marco noch seine kleine Pilger-Freundin Liliana gesellt und alle beide sich bereit erklären, mir den Weg zum örtlichen G'schäfterl zu zeigen, ist meine gute Laune doch wieder hergestellt. So eine nette Eskorte hatte ich noch nie beim Einkaufen.

Nach dem Abendessen krabbeln Mary, Giovanni und ich direkt in die Etagenbetten, denn wir sind wild entschlossen, der hiesigen Pilgerhorde morgen durch einen frühen Start zu entkommen. Das faltenfreie Pärchen von gegenüber schaut fasziniert zu, wie ich meinen Hut in einen Nachtschrank umfunktioniere zwecks Aufbewahrung von Ohropax, Handcreme und MP3-Player, dann starrt es wieder in seinen Coelho. Jede Wette: In drei Tagen lesen die nicht mehr. Ich trage mein Buch seit drei Wochen genauso ungenutzt spazieren wie die Isomatte.

San Nicolás de Puente Fitero, 8. Juli

Jeden Morgen frage ich mich, was mir heute an unerwartet Gutem widerfahren wird. Denn eines ist sicher: Es wird mir widerfahren. Ob es verschollen geglaubte Co-Pilger in Azofra sind oder ein überraschend gutes Abendessen in Redecilla del Camino oder die Tatsache, dass wir in Burgos noch ein Bett in der Wunsch-Herberge bekommen haben, weil die Hippie-Hospitalera vergessen hatte, das Completo-Schild von der Tür zu nehmen – irgendetwas Gutes geschieht jeden Tag. Das ist definitiv eine Camino-Regel.

Das unerwartet Gute heute war der Augenblick, in dem ich als Nachzüglerin zum Herbergs-Lunch kam – wollte unbedingt meine Wäsche fertigmachen – und der italienische Hospitalero anfing, interessante Dinge mit der Tomate auf meinem Teller zu tun. Er schnitt sie auf. Er schnitt sie ein. Er salzte sie. Er pfefferte sie. Er schnippelte das Basilikum klein, das ich ihn zuvor im Kräutergarten hatte pflücken sehen. Er verteilte das Basilikum auf den beiden Tomatenhälften. Dann gab er Olivenöl dazu. Das Ergebnis war die köstlichste, leckerste Tomate meines Lebens – und das, obwohl ich so unhöflich gewesen war, meine Wäsche dem allgemeinen Zusammensein vorzuziehen!

Der Wandertag in Hornillos del Camino begann heute Morgen um fünf Uhr dreißig, womit Mary, Giovanni und ich sämtliche Vorurteile über Raschler und Wühler bestätigten. Den Vollmond vor uns, spazieren wir im Dunkeln durch Weizenfelder und über eine Hochebene, während hinter uns langsam die Sonne aufgeht. Dazu bläst ein überraschend kühler Wind – aber Sinn des frühen Aufstehens ist ja auch, den Hitzegraden der Meseta zu entkommen. Rentner Rudis Ratschläge klingen mir in den Ohren: „Den Regenschirm wirst in der Meseta brauchen! Gegen die Sonne! Da kannst sonst nur nachts laufen!"

Nach zweieinhalb Stunden Einsamkeit in der Hochebene – und nachdem Mary bereits jedes Gebüsch und jedes Erntefahrzeug am Horizont zu dem ersehnten Kirchturm erklärt hat – taucht unvermittelt Hontanas in einer Talsenke vor uns auf. Beim zweiten Frühstück in der Bar lernen wir Mauro und Martina kennen, Vater mit Tochter in meinem Alter aus Italien, die wie wir heute in San Nicolás in der Herberge der italienischen Jakobus-bruderschaft übernachten wollen. Mauro tut so, als ob wir alte Bekannte wären, was ich wie bei meiner Begegnung mit der erschöpften osteuropäischen Pilgerin gestern nicht ganz ausschließen kann. Auf dem weiteren Weg kommen wir gut voran, es wird wärmer, um uns herum nach wie vor Weizenfelder, Weizenfelder und noch mehr Weizenfelder. Wir passieren San Antón, eine der originellsten Herbergen auf dem Weg in einem halb verfallenen Kloster, durch das der Jakobsweg geradewegs hindurchführt.

Als wir uns um zehn in der ersten Bar von Castrojeriz zum dritten Frühstück niederlassen, erwischt uns das Schicksal in Form einer Vertreterin des

Tourismusverbandes von Kastilien und León. Die Dame führt eine mehrseitige Pilgerumfrage durch. Leider spricht sie nur Spanisch, was die Sache etwas erschwert, da auch der Fragebogen nur auf Spanisch vorliegt. Giovanni wird deutlich ungeduldig, während die Dame sich erst mit mir und dann mit Mary durch den Fragebogen radebrecht. Ich finde allerdings, wenn man um elf Uhr vormittags noch zweieinhalb Stunden vom Tagesziel entfernt ist – oder, anders gesagt, bereits zwanzig Kilometer gelaufen ist – ist das kein Grund zur Panik. Allmählich fängt General Giovannis Ehrgeiz an, mir auf die Nerven zu gehen.

Wenige Kilometer hinter Castrojeriz führt der Weg auf den Tafelberg Alto de Mostelares, ein Aufstieg, den mein optimistischer Wanderführer mit dem Wort „kurz" abtut. Die Verfasserin muss eine Art Superwoman sein, jedes Kind kann sehen, dass dieser Aufstieg nicht „kurz", sondern anstrengend sein wird. Mary und Giovanni ziehen davon, während ich mich in meinem eigenen Tempo den Berg hochkämpfe. In meinem Kopf singt Xavier Naidoo einmal mehr von dem Weg, der kein leichter sein wird – ob der hier auch schon entlang gelatscht ist?

Lohn der Mühen ist die Aussicht, die mit jedem Schritt großartiger wird. Der Hügel mit der namensgebenden Burg von Castrojeriz ist die einzige Erhebung zwischen all den Weizenfeldern, auf den Bergen am Horizont drehen sich Windräder. Hier oben ist es wieder still und einsam – denke ich, bis ich zu dem Rastplatz komme, von dem aus man die schönste

Aussicht hat und an dem ich eine wohlverdiente Pause einlegen will. Leider sind drei italienische Pilger kurz vor mir auf dieselbe Idee gekommen und veranstalten gerade ein öffentliches Wettpinkeln. Heute ist offensichtlich auch der Tag, an dem italienische Pilger meine Geduld testen – wie sehr, werde ich erst später in San Nicolás herausfinden. Vorerst hole ich Mary und Giovanni wieder ein, und wir marschieren weiter durch Weizenfelder. Ab und an findet sich ein grüngelbes Sonnenblumenfeld dazwischen, und irgendwann wird's fast bunt: Unter dem blauen Himmel stehen rote Erntefahrzeuge in den Feldern.

San Nicolás de Puente Fitero bestätigt eine noch eine Camino-Regel: je länger der Name, desto kleiner der Ort. In diesem Fall nicht einmal ein Ort, sondern nur ein Haus, das links am Wegesrand steht: Eine ehemalige Kapelle, die vor einigen Jahren von der italienischen Jakobusbruderschaft renoviert wurde und im Sommer als Herberge bewirtschaftet wird. Nur im Sommer: Denn in der Kapelle gibt es weder Strom noch fließend Wasser. Allerdings befindet sich hinter dem Gebäude ein efeubewachsenes Häuschen mit Solarzellen auf dem Dach: Dort sind moderne Duschen mit heißem Wasser untergebracht. Als wir um zwei eintreffen, ist aber noch alles geschlossen, an der Tür hängt ein Zettel vom Hospitalero, der um drei Uhr vorbeikommen wird. Mauro und Martina treffen ein, während wir es uns auf den Bänken vor der Herberge bequem machen und tun, was Pilger tun, sobald sie nicht mehr laufen müssen:

Stiefel aus, Flipflops an. Dabei bestätigt sich, was ich den Tag über schon befürchtet hatte: Es hat mich erwischt. Auf meiner linken Zehenspitze prangt eine frische rosa Blase. Mauro bietet sofort die übliche Sammlung an Blasenratschlägen an, und Giovanni kommentiert: „Welcome to the Camino!" Recht hat er, endlich muss ich mich nicht mehr als Außenseiterin fühlen, wenn alle um mich herum ihre geschundenen Füße verarzten. Trotzdem ärgere ich mich. Seit ich mit Mary und Giovanni laufe, mache ich weniger Pausen, dafür aber längere Strecken, und heute habe ich nicht einmal daran gedacht, in den Pausen die Stiefel auszuziehen, was ich sonst bei langen Etappen immer mache. Offensichtlich ist mein linker Zeh mit dem neuen Tempo nicht einverstanden.

Der italienische Hospitalero kommt mit einem klapprigen Auto vorgefahren und öffnet die Tür zur Kapelle. Und ich weiß sofort: Dies ist der Ort, an dem ich einen wunderbaren Nachmittag verbringen werde. Rechterhand stehen vier Etagenbetten an den kahlen Steinwänden. Linkerhand, unter dem Altar, befindet sich ein langer, mit Feldblumen geschmückter Tisch, an dem ich heute Abend, soviel steht nach der köstlichen Tomate auch fest, ein wunderbares Pilgermenü einnehmen werde.

Während ich an dem langen Tisch sitze und schreibe, nimmt Mauro neben mir Platz und unterhält sich mit einem spanischen Pilger. Ja, viele schöne Baudenkmäler hier entlang des Caminos, und alle so gepflegt, die Spanier sind wirklich sehr traditionsbewusst – die

Italiener ja auch, wirft der Spanier ein, und was haben die alles an Monumenten zu bieten! Allein in Rom … Spanien und Italien gratulieren sich gegenseitig zu geglückter Denkmalpflege, ehe sie Vergleiche zu anderen Europäern ziehen. Die Deutschen, sagt der Spanier, seien ja ganz schlimm. Mauro beginnt zu grinsen. So etwas wie in Deutschland, fährt der Spanier fort, wäre hierzulande nicht möglich. Mauro kichert. Die Deutschen, meint der Spanier, ließen ihre Baudenkmäler schlicht und einfach verrotten. Mauro zwinkert mir zu. Der Spanier, leicht irritiert, schaut fragend zu mir. Mauro legt mir lachend den Arm um die Schultern. Der arme Spanier kapiert endlich und wird rot. Das Thema Denkmalpflege ist abgehakt. Das Thema Mauro noch nicht.

Vor dem Abendessen werden wir sieben Pilger – zu dem Spanier hat sich noch Robert, ein stiller Pole gesellt, dem ich auch schon mehrmals begegnet bin – auf den Stuhlkreis am Altar gebeten. Dass Mauro plötzlich wieder an meiner Seite ist, erstaunt mich nicht mehr.

Diese Herberge versteht sich vollkommen in der Tradition mittelalterlicher Pilger-Hospitäler, und man will den Pilgern hier höchste Wertschätzung zeigen für das, was sie auf sich nehmen. Dazu gehört nicht nur, dass jedes Angebot von uns, beim Bereiten des Abendessens behilflich zu sein, abgelehnt wird, sondern auch, dass den Pilgern vor dem Essen vom Hospitalero die Füße gewaschen, getrocknet und, ja wahrhaftig, wie im Sprichwort geküsst werden. Ich muss zugeben, dass mich dieser Gedanke seit gestern Abend befremdet hat, seit ich in Giovannis Wanderführer davon gelesen habe. Ich hatte die Hoffnung, dieses Ritual wäre mittlerweile abgeschafft worden. Ich bin eben nur eine protestantische Aushilfspilgerin und nicht streng katholisch wie Giovanni, der jeden Abend in die Messe geht, oder der Pole Robert, den ich seit Navarrete mehrmals bei meinen nachmittäglichen Dorfkirchen-Besichtigungen gesehen habe, immer tief ins Gebet versunken. Ich laufe hier auch aus ziemlich egoistischen Motiven herum und finde keineswegs, dass der Hospitalero sich meinetwegen so erniedrigen sollte.

Der Hospitalero, im schwarzen Talar seiner Jakobus-bruderschaft, klärt uns noch einmal über die Tradition der Fußwaschung auf. Er betont, dass es ihm dabei darum geht, uns seine Anerkennung zu zeigen und diese Handlung für ihn keine Erniedrigung, sondern eine Ehre sei. Ich kapiere endlich, dass ich gleich eine der ungewöhnlichsten Erfahrungen meiner Wanderung machen werde, und ziehe meine Flipflops aus.

Und wie war sie nun, die außerordentliche Erfahrung, als Zeichen der Anerkennung die Füße gewaschen und geküsst zu bekommen? Ich habe keine Zeit darüber nachzudenken. Denn kaum ist sie vorbei, nutzt Mauro die Gunst der Stunde, um einen expliziten körperlichen Annäherungsversuch zu unternehmen. Was für eine komplett absurde Situation! Da sitze ich barfuß bei Kerzenschein am Altar einer mittelalterlichen Kapelle, einen feierliche Beschwörungen murmelnden Mann im schwarzen Talar zu meinen Füßen, sollte tiefste Ergriffenheit in mir fühlen – und spüre nur das dringende Bedürfnis, auf den Italiener an meiner Seite, der mein Vater sein könnte, einzuprügeln!

Das Abendessen nach der Fußwaschung ist köstlich. Ich bin nicht mehr überrascht, dass Mauro in letzter Sekunde sein Glas mit dem seiner Tochter vertauscht und so trotz meiner taktischen Platzwahl neben mir zu sitzen kommt, aber immerhin behält er für die nächste Stunde seine Hände bei sich. Nach dem Essen krabbeln wir in unsere Schlafsäcke, ehe der Hospitalero die Kerzen löscht.

Villalcázar de la Sirga, 9. Juli

Heute war wieder ein Tag, an dem ich etwas lernen sollte. Nämlich: Ich muss wieder allein pilgern. So angenehm und manchmal auch beruhigend es in den letzten Tagen war, in Gesellschaft zu laufen: Mein Kopf, meine Füße, sämtliche Knochen in meinem Leib schicken mir dieselbe Botschaft. Ich muss wieder zu meinem alten Rhythmus zurückfinden. Die relativ langen Etappen der vergangenen Tage wäre ich wahrscheinlich auch alleine gelaufen, denn die Strecken in der Meseta sind leicht, aber nun ist es genug. Heute Morgen nervt mich Giovannis Gemaule über das Frühstück, das Mary und ich unbedingt noch in San Nicolás einnehmen wollen – damit sind wir eine halbe Stunde hinter seinem Zeitplan, oh mein Gott, welch eine Katastrophe um Viertel nach sechs!

Auf dem Weg nach Frómista fängt nach dem rechten Knie und dem linken Fuß auch noch die rechte Schulter an zu schmerzen, und zwar so sehr, dass ich nicht mehr den obligatorischen Griff nach hinten zu der am Rucksack befestigten Wasserflasche machen kann. Meine Laune sinkt dem Nullpunkt entgegen. All das hat zur Folge, dass ich nicht wie sonst Mary und Giovanni hinterher trödele, sondern den beiden geradezu davonlaufe. Dabei treffe ich dann noch Martina und Mauro, der meine Geduld ein letztes Mal auf die Probe stellt. Mauro hat ein menschliches Bedürfnis. Während andere Pilger bei solchen Gelegenheiten hinter hier zugegebenermaßen nicht existenten Büschen verschwinden, bleibt Mauro wie selbstverständlich mitten auf der Straße stehen, in der festen Erwartung, dass seine Tochter und ich ein paar Schritte hinter ihm ebenfalls stehenbleiben. Allmählich wünsche ich mir, ich wäre gestern bei der Fußwaschung doch meiner ersten Eingebung gefolgt und hätte ihm ganz unchristlich eine geknallt.

In Frómista holen mich Mary und Giovanni wieder ein. Die Sehenswürdigkeit des Ortes besteht aus der romanischen Kirche, die vor hundert Jahren sehr liebevoll restauriert wurde. Besonders beeindruckend sind die Darstellungen von Menschen, Tieren und Fabelwesen, die an der Außenfassade den Dachfries zieren. Martina, die mit ihrem Vater im Nachbarcafé pausiert, hat Kunstgeschichte studiert und bietet an, uns eine kleine Kirchenführung zu geben. Nach der langen Pause haben sich meine diversen schmerzenden

Körperteile wieder erholt, und ich sehe den verbleibenden fünfzehn Kilometern etwas entspannter entgegen.

Hinter Frómista quert der Camino die Autobahn – wir möchten gar nicht darüber nachdenken, in wie wenig Stunden man in Santiago sein könnte. Wenig später gabelt der Weg sich auf in die schnelle und die schöne Variante. Die schnelle Variante führt zehn Kilometer an der Straße entlang, die schöne, für die wir uns entscheiden, bringt uns durch noch mehr Weizenfelder und ausgestorben wirkende Dörfer nach drei Stunden nach Villalcázar.

Die Herberge öffnet gerade, der Hospitalero prüft mit äußerster Sorgfalt unsere Pilgerausweise und notiert gewissenhaft die Startorte. Bei mir stutzt er. – Oloron? Was? Da kommt er ja selbst her, da wohnt er eigentlich. Ob ich Französisch spreche? Ja? Monsieur ist vollkommen begeistert und lauscht erstaunt meiner Geschichte von dem Radrennen und dem verpatzten Start. – Ach, dieses Radrennen! Bringt jedes Jahr so viel Aufruhr in die Gegend. Und in Sarrance habe ich übernachtet? Im Kloster? Bei Pater Dominique (Ach, so hieß der also?!)? Manchmal ein bisschen ruppig, der Gute, oder? – Nö, zu mir war er sehr nett. – Das ist ja schön. Ich sei übrigens die erste Pilgerin, die er empfängt und die in Oloron gestartet ist. Er ist so begeistert, dass er aus irgendeiner Ecke einen Tourismus-Prospekt vom Vallée d'Aspe hervorzaubert. Ja, die Bilder versetzen mich sofort wieder in meine ersten Pilgertage zurück (ist das wirklich schon fast drei Wochen her?), und ich freue mich auch, jemanden zu treffen, der in dieser mir so paradiesisch erscheinenden Gegend zuhause ist. Nur Giovanni, der darauf wartet, ebenfalls abgefertigt zu werden, wird von Sekunde zu Sekunde ungeduldiger.

Als ich mich später bei Monsieur nach den Öffnungszeiten des Lebensmittelgeschäftes erkundige, winkt er ab: Keine Panik, zum Essen heute Abend sei ich eingeladen, und die nette Kanadierin auch. Ohne jeden Zweifel die positive Überraschung des Tages, nur ein wenig peinlich, dass Giovanni in der Einladung nicht mit eingeschlossen ist. Ich murmele, dass der Italiener, der mit uns angekommen ist, eigentlich auch zu meinem Pilgergrüppchen gehört. Der ist dann ebenfalls eingeladen, verkündet Monsieur, Essen um halb neun.

Als ich Mary und Giovanni, die schon gegenüber in der Bar beim späten Mittagessen sitzen, die Nachricht überbringe, murmelt Giovanni: „Das bringt den ganzen Zeitplan durcheinander, dann kommen wir heute vor zehn nicht ins Bett, und dann morgen wieder früh aufstehen …" – und genau das ist der Augenblick, in dem mir klar wird: Ich muss wieder allein pilgern.

Villalcázar hat eine riesige romanische Kirche, die von einem missgelaunten Señor bewacht wird. Besichtigungen ein Euro, Pilger zwanzig Cent. Wo denn mein Credencial sei, wenn ich Pilgerin wäre? Am liebsten würde ich ihm meinen verpflasterten Blasen-Zeh unter die Nase halten. „En el albergue" wirkt dann aber auch. Es geht mir auch weniger um achtzig gesparte Cent als ums Prinzip. Würde man hier nicht einen schlecht gelaunten Menschen dafür bezahlen, dass er von den paar Besuchern Geld kassiert, hätte ich hier wie in jeder Kirche einen Euro in die Spendenbox gesteckt.

Im G'schäfterl des Ortes warten drei Orangen, drei Äpfel und ein paar vertrocknete Pflaumen auf Käufer. Auch hier ist die Señora äußerst schlecht gelaunt. Dabei würde sich doch ohne uns Pilger kein Mensch mehr für diese Gegend interessieren! Oder reagieren diese Leute mit ihrer Unfreundlichkeit heute nur auf die negative Energie, die ich in meinem Ärger über General Giovanni freisetze?

Calzadilla de la Cueza, 10. Juli

Wenn man vom Hospitalero gebeten wird, das untere Etagenbett für einen älteren Pilger zu räumen, dann kann man noch nicht so alt wirken, wie man sich gerade fühlt.

Heute stand die gefürchtete Strecke auf der Römerstraße Via Aquitana auf dem Programm, zwölf schnurgerade Kilometer über eine baum- und schattenlose Ebene. So schlimm war es dann aber doch nicht. Die Uhrzeit – acht bis zwölf – war gut gewählt, dank MP3-Player lässt sich das erste Drittel gut gehen, in der letzten Stunde zog es sich dann, aber was soll's? Weiter als bis Calzadilla de la Cueza, dem ersten Ort nach der Via Aquitana, wollte ich heute ohnehin nicht. In der örtlichen Bar verabschiede ich mich von Mary und Giovanni, die noch die sechs Kilometer bis Ledigos dranhängen wollen. Ob ich denn ganz sicher sei, dass ich

hierbleiben will? Viel scheint hier ja nicht los zu sein …
Da haben sie definitiv recht, in diesem Kaff (in dem es
kein G'schäfterl gibt) ist der Hund begraben, die
Herberge ist auch noch geschlossen, aber mein linker
Fuß signalisiert mir ganz klar: Es ist genug.

Irgendwie habe ich den Eindruck, dass Mary und
Giovanni nicht nachvollziehen können, weshalb mir
meine Gesundheit heute wichtiger ist als ihre
Gesellschaft, und so fällt unser Abschied voneinander
etwas steif aus. Ich rechne allerdings damit, dass wir uns
spätestens in Santiago wiedersehen.

Mary und Giovanni sind also weitergezogen. Auch in
Calzadilla gelandet sind hingegen der schweigsame Pole,
mit dem ich, glaube ich, seit Viana parallel pilgere, und
der spanische Krankenpfleger Ricardo aus San Nicolás,
der seit zwei Stunden in seiner Unterhose durch die
Gegend hüpft und verzweifelt darauf wartet, dass seine
Wäsche trocken ist. Ich warte genauso verzweifelt darauf,
dass meine endlich gewaschen wird. Dann habe ich noch
einen jungen spanischen Radpilger im Angebot, der mit
einer Beinprothese unterwegs ist. Peinlich, peinlich, je
mehr Mühe ich mir geben, den Jungen nicht anzustarren,
desto öfter erwische ich mich dabei, genau das zu tun.

Am Nachmittag mache ich meinen üblichen
Dorfspaziergang und beschließe: Stellvertretend für alle
gottverlassenen Dörfer in der Meseta werde ich
Calzadilla de la Cueza fotografisch dokumentieren. Es
gibt hier Häuser aus Lehm und mindestens eine
Schafherde, die, als ich meinen Dokumentations-
Entschluss gefasst habe, prompt durchs Bild hoppelt.

Kaum bewege ich mich in Richtung der heruntergekommenen Kirche, da kommt eine Señora aus dem nächsten Haus gewackelt, schwenkt einen riesigen verrosteten Schlüssel und bedeutet mir, dass sie die Kirche gleich öffnen wird. Wo sie schon einmal dabei ist, bekomme ich auch noch eine Gratisführung, von der ich nur verstehe, dass St. Martin de Sowienoch der Schutzpatron des Dorfes ist. Abgesehen davon ist auch diese von außen eher verfallen und vergessen wirkende Kirche von innen überraschend hell und hübsch.

Bei meiner Rückkehr hat sich die Herberge deutlich gefüllt. Ein deutsches Pärchen winkt mir begeistert zu, ohne dass ich wüsste, weshalb. Eine siebenköpfige spanische Damentruppe belegt die letzten Betten. Der Radfahrer hat seine Beinprothese abgeschnallt und neben das Bett gestellt. Ein besserer Mensch als ich würde da nicht ständig hinstarren! Dafür fällt mir endlich ein, woher ich die beiden Deutschen kenne. Das ist das Pärchen aus Hornillos, das so verärgert war, weil die Hospitalera eines ihrer Betten für die erschöpfte Osteuropäerin freigeräumt hatte. Kein Wunder, dass ich sie nicht sofort erkannt habe, denn mittlerweile sehen die beiden längst nicht mehr so frisch und faltenfrei aus! Er hat entlang den Hemdsärmeln und dem Halsausschnitt einen schönen krebsfarbenen Sonnenbrand, sie kämpft wie ich gegen den x-ten Bad-Hair-Day in Folge, und beide haben die Lektüre des Coelho aufgegeben. Willkommen auf dem Camino!

Calzada del Coto, 11. Juli

Die Nacht im Etagenbett in Calzadilla de la Cueza ist dank der Wühler und Raschler um fünf Uhr zu Ende. Und das ist wirklich erstaunlich, denn die Preisfrage lautet: Wo wollen die morgens um halb sechs hin? Ich hätte gestern gewettet, dass wir länger schlafen können, denn der offensichtliche Etappenort heißt Sahagún und ist nur dreiundzwanzig Kilometer entfernt – dafür muss niemand um diese Uhrzeit in die Dunkelheit rennen! Ich tue das ja auch nicht, und ich will sogar noch einen Ort weiter!

Und wieder einmal ist es faszinierend zu beobachten, mit wie wenig Rücksichtnahme ein Teil der Menschheit durch die Welt beziehungsweise durch Spanien spaziert. Pilgerregel Nummer eins: Wenn du die freie Wahl hast, nimm niemals – unter keinen Umständen – ein Bett in der Nähe a) des Badezimmers, b) der Tür oder c) der Treppe. Das norwegische Pärchen, das hier die reizvolle Kombination zwischen Bad und Treppe gezogen hat, muss eigentlich seit halb fünf senkrecht im Bett sitzen. Tut es aber erstaunlicherweise nicht.

Ich verlasse das gastliche Haus um kurz nach sechs – deutlich erleichtert, dass General Giovanni nur in meinem Hinterkopf über die „späte" Uhrzeit meckert. Da ich außer drei Keksen nichts mehr zu essen habe, spaziere ich zunächst in Richtung Bar. Dort wartet ein junger, hübscher, hellwacher Knabe hinter dem Tresen und begrüßt mich mit einem strahlenden Lächeln und der Frage „Café con leche?" Gedankenlesen kann er also auch noch. Ein weiteres rätselhaftes Camino-Phänomen: In diesen weltvergessenen Orten gibt es tagsüber nur uralte Frauen und noch ältere Männer – und dann steht plötzlich morgens um sechs ein Junge an der Frühstücksbar, der jede Boygroup schmücken würde. Außer dem Café con leche gibt es noch Tostadas, vier getoastete Scheiben Weißbrot mit Butter und Marmelade. Nicht gerade das, was der Ernährungs-wissenschaftler unter einem Frühstück versteht, aber wie der geradebrechte Smalltalk mit dem Kellner dazu angetan, meine Laune zu heben. Als es hell wird, spaziere ich schließlich los. Ein Hahn schreit, die ersten Vögel zwitschern. Der Horizont hinter mir färbt sich rosa: seit fast drei Wochen Camino-Normalzustand. Der Weg führt durch … Weizenfelder! Hier und da tatsächlich durchbrochen von Sonnenblumen.

In Ledigos klaue ich ein wenig Lavendel von der Dorfbepflanzung, das macht sich nett an meinem Rucksack. Ich hoffe und fürchte gleichzeitig, Mary und Giovanni wiederzutreffen, aber das wird den ganzen Tag über nicht geschehen. Pünktlich um zwölf Uhr treffe ich in Sahagún ein. Sahagún ist der Ort, in der Hape Kerkeling fürchtete, von wild gewordenen Jugendlichen erschossen zu werden. Irgendwie hatte ich ihn mir als verlorenes Wüstenkaff vorgestellt, dabei handelt es sich um ein richtiges Städtchen mit Geldautomat, Schleckermarkt und der berechtigten Hoffnung auf einen schönen Supermercado. In der kirchlichen Herberge hole ich mir einen Stempel und einen Stadtplan ab. Neben der Rezeption steht ein Klarinettenspieler und übt das Klarinettenkonzert von Mozart, das Lieblingsstück meines verstorbenen Vaters. Ich lausche ihm ergeben und glücklich. Ein allzu großes Wunder ist dieser Zufall aber nicht, denn mein Wanderführer hatte mir schon vorher verraten, dass in dieser Herberge klassische Konzerte stattfinden.

Durch die Straßen von Sahagún zieht sich ein Kleidermarkt. Menschenmengen mit Rucksack zu durchqueren entpuppt sich als ganz neue Pilgerdisziplin. Im Supermarkt wird mir dann schlagartig klar, dass heute Samstag ist. Sämtliche Bürger Sahagúns erledigen ihre Lebensmitteleinkäufe, und das Letzte, was sie dabei brauchen, ist eine hungrige Pilgerin, die mit Rucksack und Einkaufswagen durch die fremden Regalreihen irrt. Nach dem Supermarkt und dem Kleidermarkt will ich nur noch eins: raus aus dieser Stadt. Der Camino führt an Feldern und der Nationalstraße entlang, es ist nach dreizehn Uhr und verdammt heiß, mein linker Fuß meldet sich wieder mit Schmerzen. Außer mir scheint nur noch ein übergewichtiger Franzose unterwegs zu sein, und die angesteuerte Herberge in Calzada del Coto verspricht laut Wanderführer „Kein Komfort". Das kann alles Mögliche sein, ich male mir ein schmuddeliges Matratzenlager ohne Warmwasser aus. Tatsächlich ist die Herberge heute eine der positiven Überraschungen des Tages: wirklich nichts weiter als ein kleines weißes Häuschen neben dem Sportplatz, ohne Küche, ohne Aufenthaltsraum, mit zwei schlichten Schlafsälen – aber auch mit zwei komplett ausgestatteten Badezimmern und reichlich Warmwasser. Sitzen kann man bei dem schönen Wetter an dem Tisch vor dem Haus, und die Wäsche trocknet ruckzuck, wenn man sie am Fußballtor aufhängt.

Kurz nach mir treffen Gitta und Heinz ein, ein etwa vierzigjähriges deutsches Pärchen mit rheinischem Tonfall. Nachdem sich eine andere deutsche Pilgerin heute Morgen bei mir nach einem Düsseldorfer Ehepaar in etwa diesem Alter erkundigt hat, bin ich einmal mehr davon überzeugt, dass der Camino ein Dorf ist. Wir genehmigen uns ein Feierabendgetränk in der schmuddeligen Bar gegenüber, wobei ich irgendwann feststelle, wie perfekt die beiden ausgestattet sind – jeder mit seinem eigenen Exemplar des auch mir bestens vertrauten Wanderführers. „Wir *laufen* nur zusammen", bemerkt Gitta pikiert. Ach wie peinlich – auf mich hatten sie wirklich wie ein Paar gewirkt. Da war ich mit meiner Düsseldorfer Camino-Dorf-Schlussfolgerung mal wieder etwas voreilig.

In der Herberge sind außer uns Dreien nur mein schweigsamer polnischer Co-Pilger, der übergewichtige Franzose Bernard, drei erschöpfte spanische Jugendliche und zwei Französinnen, Claudine und Françoise. Françoise, ein zierliches Persönchen, das mindestens zwei Köpfe kleiner ist als ich, trägt ihren riesigen Rucksack seit Mitte Mai aus Le Puy durch die Gegend. Das erzählt sie mir beim abendlichen Picknick, das wir an dem Tisch vor der Herberge einnehmen. Recht sitzen die

Französinnen, links Gitta und Heinz, und ich in der Mitte und so versöhnt mit mir wie seit Tagen nicht mehr. Ja, gestern habe ich mich wirklich schlecht gefühlt wegen des Abschieds von Mary und Giovanni, aber mittlerweile hat sich die Erkenntnis durchgesetzt: Wenn die beiden nicht verstehen, weshalb mir momentan meine Gesundheit wichtiger ist als ihre Gesellschaft, dann bin nicht ich diejenige, die das Problem hat. Und dann fällt mir plötzlich auch ein, welches Detail ich bei Giovannis Lieblingsgeschichte von Larry und dem Wetterbericht morgens um halb sieben in Ventosa übersehen habe. Larry hatte erklärt: „Heute wird es regnen. Ich habe mit meinem Vater gesprochen." – und Giovanni hat jeder Pilgerbekanntschaft von dem irren Larry aus Québec erzählt, der seinen Papa zu Hause in Kanada den spanischen Wetterbericht hatte googeln lassen. Aber Larry hatte gar nicht von seinem Papa gesprochen, sondern von seinem himmlischen Vater – sein irdischer Vater war Anfang des Jahres gestorben und einer der Gründe, weshalb er sich überhaupt auf den Jakobsweg gemacht hatte. Das hatte er mir bei unserer ersten Unterhaltung in Villamayor de Monjardín erzählt. Oh je. Ob dieses Missverständnis jemals aufgeklärt wird?

Mehr als gemeinsames Abendbrot hat Calzada del Coto nicht zu bieten, und so krabbeln wir alle um neun in unsere Schlafsäcke. Eine Rätselfrage habe ich heute gelöst, aber die andere bleibt mal wieder unbeantwortet: Welches schwarze Pilgerloch am Wegesrand hat all die

Leute verschluckt, die heute Morgen um halb sechs in Calzadilla losgelaufen sind? Hier sind sie jedenfalls nicht.

Reliegos, 12. Juli

Ab sofort werde ich die schwarzen Löcher suchen, die hier am Wegesrand Pilger verschlucken. Wo sind all die Menschen aus Hornillos, Calzadilla und Sahagún abgeblieben? In Calzada del Coto waren wir am Ende zu zehnt, da mag die Herbergs-Beschreibung „ohne Komfort" den einen oder anderen abgeschreckt haben, aber auch hier in Reliegos, eine bequeme Tagesetappe von León entfernt, ist die Herberge nicht voll. Die Matratzensammlung unten in dem großen Saal deutet auf weit schlimmere Zeiten.

Morgens um halb sieben in Calzada del Coto: Sechs tapfere Pilger, drei Franzosen, drei Deutsche, entscheiden sich gegen die Variante entlang der Autobahn und für den einsamen Weg auf der schnurgeraden Römerstraße Via Traiana. Noch im Halbdunkel hinter Calzada del Coto begegnen mir die ersten und hoffentlich letzten wilden Hunde des Weges. Danach bin ich dann hellwach. In Calzadilla de los Hermanillos, dem ersten und einzigen Ort am Wegesrand gibt es Frühstück, und zwar ein RICHTIGES Frühstück: Eier und Schinken und O-Saft. Danke, liebes Universum!

Wie jeden Morgen in dieser Woche laufen nebenbei die Stierläufe von Pamplona im obligatorischen Fernseher, inklusive Liveschaltung zum Krankenhaus – wie geht es den Verletzten des gestrigen Tages? Dagegen ist Big Brother harmlos. Heinz erklärt mir einmal mehr, was ich schon von anderen Co-Pilgern gehört habe, wenn ich dem morgens dem Fernseher den Rücken zukehre: Die Stierläufe wie die Stierkämpfe wurden erst von Franco populär gemacht, um den Spaniern ein gemeinsames Nationalgefühl einzuimpfen. Dazu passt, dass mir gestern ein Graffiti „Llibre León" aufgefallen ist, „freies León". Dass die Basken und die Katalanen (und aller Wahrscheinlichkeit nach auch die Galizier) sich nicht als Spanier fühlen, habe ich ja mittlerweile begriffen, aber dass jetzt auch noch León, das mit Kastilien doch das Herzstück Spaniens bildet, herumzicken will – das kommt mir doch etwas übertrieben vor. Was würden all diese stolzen Nationalisten wohl antworten, wenn ich sie fragte, welches Land eigentlich Fußball-Europameister ist?

Nach dem Frühstück folgen achtzehn Kilometer Einsamkeit mit … Weizenfeldern. Nie wieder in meinem Leben werde ich eine unschuldige Scheibe Toastbrot verspeisen können, ohne an diese Woche in der Meseta zurückzudenken! Das deutsch-französische Pilger-Trüppchen läuft sich immer mal wieder gemeinsam oder versetzt über den Weg. Ich mag die Römer sehr, aber der heutige Zustand ihrer alten Straßen fängt an mich zu nerven: Da ragen die Steine so kreuz und quer auf den

Weg, dass man bei jedem Schritt aufpassen muss. Außer einem gelben Pfeil, der ganz klar in die falsche Richtung zeigt, und einer riesigen vergessenen Straßenbautrasse, die es kurz vor Reliegos zu überqueren gilt, gibt es von der Strecke nichts zu berichten. Die positive Überraschung des Tages: Die Herbergsduschen in Reliegos, von meinem Wanderführer mit einem unheilverheißenden „akzeptabel" beschrieben, sind frisch renoviert und die besten, denen ich bisher begegnet bin. Und während ich nach der kleinen Duschparty auf meinem Bett vor mich hindöse, tauchen auch ein paar von schwarzen Löchern verschluckte Pilger wieder auf: Erst Ricardo, der nette spanische Krankenpfleger, der seit der verunglückten Unterhaltung über deutsche Denkmalspflege in San Nicolás kein Wort Englisch mehr spricht, wenn ich ihn grüße, und dann die siebenköpfige spanische Damentruppe, die gestern Morgen um halb fünf den Schlafsaal von Calzadilla de la Cueza wachgemacht hat. Ich befehle den Damen per Telepathie, sich dieses Mal für den anderen Schlafsaal zu entscheiden, und sie gehorchen mir brav.

Nach Pilgermenü mit Gitta und Heinz krabbele ich in meinen Schlafsack und kann immer noch nicht fassen, was morgen passieren wird: Ich werde in León ankommen. Einer der magischen Orte auf meiner persönlichen Camino-Karte, die letzte Großstadt vor Santiago, vor vier Wochen noch unendlich weit weg, jetzt nur eine bequeme Tagesetappe entfernt.

León, 13. Juli

Oh what a day! – Oder auch: Immer diese Radfahrer.

Der Weckruf in Reliegos erfolgt wie üblich mit Rascheln und Wühlen, ein Phänomen, über das ich mittlerweile eine Diplomarbeit schreiben könnte. Wie jeden Morgen stopfe ich meine Sachen in den Schlafsack und flüchte zum Packen nach draußen. In diesem Augenblick öffnet sich die Tür vom Gemeinschaftsraum: Heraus tritt Krankenpfleger Ricardo, eingewickelt in eine weiße Gardine, das Kopfkissen unter den Arm geklemmt. Keine Ahnung, was er dort getrieben hat, ob er von Schnarchern aus dem Schlafsaal vertrieben wurde oder eine Co-Pilgerin getroffen hat – mitsamt seinem total verwirrten Gesichtsausdruck ist er auf jeden Fall ein köstlicher Anblick.

Der Wandertag beginnt mit Hahnenschrei und Sonnenaufgang. Kein Pilger schaut geradeaus, jeder starrt nach rechts und bleibt alle paar Meter mit gezückter Kamera stehen, denn die Berge am nördlichen Horizont leuchten wie der Himmel in allen möglichen dramatischen Rottönen. Aber wie in Sarrance im Alpenglühen-Kloster kann kein Fotoapparat diesen Augenblick wirklich festhalten.

Im ersten Ort am Wegesrand gibt es Café con leche und etwas unanständig Süßes, dann spaziert man an der belebten Landstraße entlang. Alles andere als schön, aber egal: León wartet! Es geht ein wenig bergauf, schon sind es nur noch acht Kilometer bis León … León … León!

Plötzlich führt der Camino steil bergab, das steht so definitiv nicht im Wanderführer, und während ich mich mühsam mit meinem Stock durch eine Art ausgetrockneten Gebirgsbach vortaste – León inklusive Kathedrale in Sichtweite – höre ich hinter mir ein Geräusch, das ich mittlerweile nur allzu gut kenne: ein Radpilger. Wer ist denn so verrückt, hier mit dem Fahrrad hinunter zu brettern? Mein Stock und ich haben zu Fuß schon genügend Probleme. Ich springe dem Radpilger aus dem Weg, der sagt artig Gracias und Buen Camino, und ich sage unartig Blödmann. Ein paar Augenblicke später dasselbe Geräusch, jetzt kommen sie zu fünft den unebenen Pfad herab gesaust.

Diese verdammten Radpilger! Auf den Schotterstraßen wirbeln sie Staubwolken auf, in denen man dann laufen darf, grundsätzlich hört man sie immer erst, wenn sie kurz hinter einem sind, sodass auf schmalen Wegen nur ein Sprung ins Gebüsch hilft, und wiedersehen tut man sie sowieso nie.

Egal, ich will mich nicht ärgern, denn gleich bin ich in León … in León … in León, das nur noch dreihundertzwanzig Kilometer von Santiago entfernt liegt. Wer hätte gedacht, dass ich einen Fußweg von dreihundertzwanzig Kilometern mal mit den Worten „nur noch" beschreiben würde? Tatsache ist: Selbst wenn ich den Camino jetzt aus irgendwelchen Gründen abbrechen muss (was ich allerdings für unwahrscheinlich halte), kann ich im Herbst wiederkommen und den letzten Abschnitt bequem zu Ende laufen. So spaziere ich mit meinem León-León-Singsang auf den Lippen über die Fußgängerbrücke in die Stadt, als aus dem kompletten Nichts ein Radfahrer auftaucht, mit einem Affenzahn auf mich zurast, mich touchiert, sodass ich mich einmal halb um mich selbst drehe, mich dank meines Stöckchens aber aufrecht halten kann, während er auf den Asphalt fliegt.

Dem Mann ist eigentlich viel mehr passiert als mir, doch das ändert nichts daran, dass ich diejenige bin, die mitten auf dem Bürgersteig in Tränen ausbricht. Natürlich sind in diesem Augenblick nur Spanier in der Nähe, die zwar hilfsbereit Taschentücher verteilen, aber ebenso wenig wie der sich ständig entschuldigende Radfahrer mit dem blutenden Arm verstehen, was ich um Vokabeln ringend zu erklären versuche: Dass es nur der Schrecken ist, der meine Tränen immer weiter fließen lässt, der Weckruf aus dem wunderbaren „Das-Leben-ist-ein-einziger-Camino-Gefühl". Habe ich nicht eben noch darüber nachgedacht, dass ich in den Herbstferien wiederkommen kann, wenn ich den Camino abbrechen muss – und den Gedanken als unwahrscheinlich zur Seite geschoben? Über drei Wochen bin ich jetzt unterwegs, ohne die geringste Schwierigkeit, und dann kann es so schnell gehen, nur ein falscher Schritt, nur eine Unachtsamkeit, und der Camino ist vorbei.

Irgendwann versiegen meine Tränen. Der Radfahrer verabschiedet sich erleichtert. Ich verstecke die roten Augen hinter der Sonnenbrille und wandere mit zitternden Knien im Windschatten eines französischen Pilgers zur Albergue de las Carbajalas, einem Benediktinerinnenkloster. Momentan habe ich nur noch ein

Bedürfnis: mich ins Bett zu legen, um in Ruhe meine aufgewühlten Gedanken zu ordnen.

Allerdings habe ich die Rechnung ohne die Nonnen gemacht. Die Anmeldung geschieht bei einer strengen Señora an einem Tisch im Innenhof. Da mein Credencial voll ist, muss mir ein neues ausgestellt werden. Dieses Verfahren gestaltet sich unerwartet kompliziert: Erst muss ich einen Bogen ausfüllen mit allen Angaben, die bereits im ersten Credencial stehen. Dann muss ich zehn Minuten warten. Immerhin genügend Zeit um festzustellen, dass Françoise aus Calzadilla ebenfalls hier ist. Außerdem fällt mir ein junger spanischer Pilger auf, der die allerfurchtbarsten Blasen der Welt versorgt und mit einem strahlenden Lächeln versichert, das sei gar nicht so schlimm.

Schließlich kommt eine sehr alte Dame angewackelt und überträgt meine Angaben mit steifen Fingern in das neue Credencial. Da sie meine Schrift nicht lesen kann, bekomme ich einen neuen Vornamen. Die Sache wird nicht besser, als ich ihr als Hilfe das in gestochener Handschrift ausgefüllte erste Credencial hinschiebe. Nun bekomme ich auch einen neuen Nachnamen. Als ich dann noch zu erklären versuche, dass ich nicht in Somport, sondern Oloron gestartet bin, kapituliert sie. Sie schiebt mir das Credencial hin, und ich darf selbst weiterschreiben.

Und nun, bitteschön, endlich auf zum Bett! Pustekuchen. Die strenge Señora von der Anmeldung pfeift mich im Ton eines Feldwebels zurück. Bitte, ich bin müde und aufgewühlt und möchte … nein, ich muss warten, bis zwei weitere weibliche Pilgerinnen eingetroffen sind. Schließlich werden wir gemeinsam von Señora Feldwebel zum Damenschlafsaal geführt (ja, hier gibt es nämlich als großen Pilgerluxus getrennte Schlafsäle!), wo wir weitere Instruktionen erhalten: In die oberen Betten, ihr seid jung! Sofort den Schlafsack auf die Matratze! Und kommt ja nicht auf die Idee, den Rucksack aufs Bett zu legen! – Keine Ahnung, weshalb sie glaubt, ich könnte meinen Rucksack auf ein oberes Etagenbett hieven wollen. Kopfkissen gibt es keine, aber das ist mir egal, dafür habe ich meine Fleecejacke. Hauptsache, ich kann mich endlich hinlegen und Ordnung in meine verwirrte Gedankenwelt bringen!

Später kehrt Señora Feldwebel zurück und weist eine asiatische Pilgerin zurecht, die so ungeschickt war, auf ihrem Bett ein Brötchen zu essen. Essen im Schlafsaal verboten! Gut, dass ich ganz hinten liege und sie meine Erdnüsse nicht sieht. Gitta, die kurz nach mir angekommen ist, fragt arglos nach einem Kopfkissen. Kopfkissen gibt es hier nicht! Dies ist ein Kloster! – Aha. Offensichtlich müssen die armen Nonnen auch ohne Kopfkissen schlafen. Pilgerfreund Kerkeling hätte an dieser Herberge seine helle Freude gehabt. Und es kommt noch besser: Die Damenschlafsäle befinden sich im Basement, ebenso die Damenbäder. Die interessierte Bevölkerung von León flaniert vorbei, hin und wieder bückt sich mal jemand hinab, um durch das geöffnete Fenster mit den mehr oder weniger bekleideten Pilgerinnen im Bade zu plaudern.

Ich kann mich plötzlich nicht mehrdaran erinnern, weshalb ich hier gelandet bin. Gestern habe ich mir etwas von einem Vier-Sterne-Hotelzimmer zusammenphantasiert, das ich mir als Belohnung in León verdient hätte, und nun stellt sich zu allem Überfluss auch noch heraus: Die Betten um mich herum sind von der vielköpfigen spanischen Damentruppe belegt, vor der ich seit Calzadilla de la Cueza davonlaufe. Die Nacht wird also mit Rascheln und Wühlen enden.

Irgendwann raffe ich mich aus meiner schlechten Laune auf. Ich bin in León, und ich habe einiges zu tun! Magnesiumtabletten, Hirschtalgcreme und ein neues T-Shirt kaufen, die Stadt und die Kathedrale besichtigen, vielleicht endlich mal Postkarten schreiben, im Supermarkt Vorräte auffüllen, eine warme Mahlzeit zu mir nehmen. Die warme Mahlzeit bekomme ich in der Fußgängerzone an der Kathedrale. Hierbei entdecke ich einen neuen Zeitvertreib, der gut zu meiner heutigen Miesepetrigkeit passt: alte von neuen Pilgern unterscheiden. Die neuen – und von denen gibt es in León viele – haben saubere Klamotten an, weiße Beine, recht große Rucksäcke und einen zweifelnden Blick, mit dem sie zu fragen scheinen: War das eine gute Idee? Werde ich dieses Ding bis Santiago tragen? Die alten sehen so aus wie ich: braungebrannt, zerknittert und schlecht frisiert.

Hirschtalgcreme suche ich in den Apotheken von León vergeblich, aber immerhin bringt mir dieses Vorhaben ein wenig Smalltalk ein und die Erkenntnis: Wenn so viele Apotheker zu einer radebrechenden

Pilgerin so nett sind, könnte ich mir mit meiner Laune auch etwas mehr Mühe geben.

Bei meiner Rückkehr in die Herberge – die ich mittlerweile Nonnenbunker getauft habe – habe ich endlich begriffen, dass meine schlechte Stimmung nicht von alleine verfliegt. Seit dem Zusammenstoß mit dem Radfahrer weiß ich, dass ich vom Alleinpilgern genug habe. Es war schön und aufregend in den ersten Wochen alleine zu laufen, als jeder neue Tag noch eine echte Herausforderung war. Es war richtig, dass ich mich von Giovanni und Mary getrennt habe, da ich ihr Tempo einfach nicht halten konnte, aber jetzt, im letzten Drittel, ist mir definitiv nach Gesellschaft. Und wenn ich Gesellschaft will, liegt es an mir, dafür zu sorgen.

Also stürze ich mich in die (größtenteils deutsche) Pilgerrunde im Innenhof, und tatsächlich ist die schlechte Laune bald verflogen. Nur meine Vorurteile über Radpilger erhalten frische Nahrung: Ein bayerischer Radler aus der Tischrunde greift plötzlich um sich, jemand kreischt, Federn fliegen und am Ende flattert eine halb gerupfte Taube über den Tisch. Der Bayer erklärt ernsthaft, er habe eine Taube fangen wollen, dass mache er immer mal so zum Spaß – und ich bin einmal mehr dankbar, dass man Radpilger nie wiedersieht.

Um halb zehn folgen wir den Nonnen zum Nachtgebet und Pilgersegen in die Kapelle. Sehr erstaunlich, diese vierzehn schwarzgekleideten Damen, die da in ihren Kirchenstühlen sitzen. Unnötig zu erwähnen, dass bis auf die eine Novizin alle jenseits von grauhaarig sind. Eigenartig ihre Gesichtsausdrücke, so ergeben, andächtig, konzentriert und gleichzeitig doch auch abwesend. Das sind also die Nonnen, die ohne Kopfkissen schlafen? Und warum müssen die schon wieder ihre Sünden bekennen?

Da regt sich in mir genau so viel Widerstand wie in Viana. Welche Sünden sollen die schwarzen Damen denn heute bitteschön begangen haben? Welche Sünden habe ich begangen? Ist es eine Sünde, auf rücksichtslose Radfahrer zu schimpfen und sich in der vierten Wanderwoche mal einen Tag schlechte Laune zu gönnen? – Für ernsthafte Pilgergedanken bin ich an diesem Abend wirklich nicht zu haben. So lassen mich auch das Gebet und der Segen, den die Oberin über uns ausspricht, seltsam unberührt. Das ist alles sehr nett gemeint, aber die Herberge ist grässlich, und diese gottergebenen schwarzgekleideten Damen haben überhaupt gar nichts mit meiner Welt gemein.

Villar de Mazarife, 14. Juli

Die Nacht im Nonnenbunker ist erstaunlich gut, trotz Etagenbett, Kopfkissenmangel und spanischer Bettnachbarin. Ich schlafe ohne Wecker bis viertel vor sechs, um mich herum wird bereits heftig geraschelt und gewühlt.

Beim Zähneputzen – ich bin allein im Bad – noch ein Erlebnis, das mich diese Unterkunft endgültig auf den

Herbergs-Index setzen lässt: Am offenen Basement-Fenster hinter mir steht eine Horde Jugendlicher und grölt, schimpft und spuckt durch das Gitter. Da ich mit dem Rücken zu ihnen stehe und es hier natürlich keinen Spiegel gibt, höre ich sie nur. Das reicht vollkommen, denn das Wort „puta" ist leider in allen romanischen Sprachen ähnlich. Ich beschließe, mich nicht aufzuregen, sondern auf Ignorieren umzuschalten, und putze weiter meine Zähne. Irgendwann ist hinter mir Ruhe, und ich mache das Fenster zu.

Beim Frühstück sitze ich neben einer Deutschen, die gestern frisch aus der Heimat eingetroffen ist. Sie ist etwa vierzig, sieht meiner Schwester verwirrend ähnlich, heißt auch noch Katja und kommt aus Dresden ... da sitzt also fast meine Schwester neben mir am Frühstückstisch! – Für das Frühstück bekommen die Nonnen dann doch noch eine Spende von mir, verbunden mit der stillen Hoffnung, dass sie meine Münzen in Kopfkissen investieren. Danach beschließe ich endgültig, dem Miesepeter in mir keine Chance mehr zu geben, und frage Katja, ob sie das erste Stück aus León heraus mit mir zusammengehen möchte. Ich vermute, dass wir ein ähnliches Tempo haben, und wenn nicht, kann einer von uns immer noch davonziehen. Und jawohl, wir haben ein ähnliches Tempo und spazieren die ganze Etappe gemeinsam. Sie spricht wenig Englisch und kein Spanisch, was sie aber, ähnlich dem Sachsenpilger, nicht davon abhält, nach Mexiko und Paraguay zu reisen oder jetzt halt den Jakobsweg entlang zu wandern. Nach der obligatorischen Kaffeepause in Virgen del Camino (im Fernsehen endlich der letzte Tag der Stierläufe in Pamplona!) wird die Strecke wieder schön und ländlich. Wir picknicken unter einem Baum und kommen an einem Feld vorbei, auf dem drei Störche den Start- und Landeanflug üben. Mir fällt auf, dass ich seit Sanguesa jede Nacht in einem Ort mit mindestens einem Storchennest übernachtet habe. Selbst in Burgos und León habe ich welche gesehen. Unglaublich, wenn man aus einer Stadt kommt, in der ein Storchennest eine Zeitungsmeldung wert ist!

Nach den Störchen treffen wir einen spanischen Pilger, der fragt, ob wir auch nach Villar de Mazarife wollen. Sí, si. Da sei er geboren, sagt er. Dann kennt er sich wohl aus, und ich erkundige mich, welche der drei Herbergen die beste sei. San Antonio de Padua, sagt er, und wird am Ortseingang von seiner jubelnden Familie in Empfang genommen. Als ich auf der schattigen Herbergsterrasse sitze, auf den Garten, den Weg, die vorbeiziehenden Pilger und das Storchennest auf dem Kirchturm schaue und weiß, dass ich am Abend ein warmes Essen und am Morgen ein Frühstück bekomme, bin ich mit mir und der Pilgerwelt endgültig versöhnt. Nachmittags besichtige ich mit Katja die kleine Dorfkirche, die nicht nur von dem standardmäßig vergoldeten Altar geschmückt wird, sondern deren Kuppel in himmelblauer Farbe und mit weißen Schäfchenwolken ausgemalt ist. Ein freundlicher älterer Señor gibt uns eine Exklusiv-Führung, und ich stelle fest, dass mein Spanisch nach fast vier Wochen täglichen Kirchenbesichtigens auch dafür mittlerweile ausreicht.

Zum Abendessen versammeln sich außer Katja und mir ein holländisches Ehepaar, ein französisches Mutter- und Tochter-Gespann, Anna, meine erste Amerikanerin des Weges und Michel, der hagere grauhaarige Franzose, in dessen Windschatten ich gestern nach meiner Begegnung mit dem Radfahrer durch León gelaufen bin. Michel bringt das Kunststück fertig, das nur Franzosen schaffen: nämlich in einer dunkelblauen Boxer-Shorts und einem von Hand gewaschenen weißen T-Shirt gepflegt auszusehen. Michel ist vor Monaten in Orléans losspaziert, und auf meine Frage, weshalb er den ganzen Weg von zu Hause läuft, antwortet er achselzuckend: „It's a pilgrims way. You have to start at home." Wirklich? Naja, würde ich in Frankreich wohnen oder hätte ich fünf Monate Zeit, würde ich ihm vielleicht zustimmen. Später kommt das Gespräch vom heutigen französischen Nationalfeiertag über die Tour de France auf das Thema Doping. Michel, der mittlerweile eine besondere Art von Humor gezeigt hat, schaut einmal streng in die Runde: „Be careful when you arrive at Santiago! There is a doping control at the cathedral!"

Als Katja und ich in unseren Betten liegen, sind wir beide glücklich über diesen Bilderbuch-Pilgertag – Katja, weil es ihr erster Pilgertag war und ich, weil ich endlich meine gute Pilgerlaune wiedergefunden habe. Und dann ist da noch etwas, das mir beim abendlichen Blick in den Wanderführer aufgefallen ist: Das Cruz de Ferro liegt nur noch drei Wandertage entfernt – ich hatte immer gedacht, das sei kurz vor Santiago!

Astorga, 15. Juli

Einmal mehr bin ich abends an einem Ort, von dem ich morgens noch keinen Plan hatte. Das entspannte Tagesziel hieß Santibañez de Valdiglesias und liegt nur lockere neunzehn Kilometer hinter Villar de Mazarife. Nach einem Frühstück mit leckeren Schokokringeln brechen Katja und ich wieder gemeinsam auf. Wir sehen keinen Grund zur Eile, spazieren gemütlich durch Maisfelder bis nach Hospital de Orbigo, dem Ort mit der längsten Brücke des Jakobsweges. Am Ende dieser Brücke lädt ein Café mit roten Sonnenschirmen zum zweiten Frühstück und Pilgerwatching ein (jeder, der über die Brücke läuft, muss an uns vorbei). Da es von hier aus nur zwei Stunden bis zum Tagesziel sind, schließen sich meiner mittlerweile obligatorischen Vormittags-Cola noch mehrere Café con leche an. Als wir schließlich aufbrechen, ist die Mittagszeit längst vorbei.

Auf dem Weg nach Santibañez de Valdiglesias erkläre ich Katja das eigenartige Phänomen, dass ich seit Wochen jede Nacht in einem Ort mit Storchennest verbracht habe. Ein weiteres Phänomen fällt mir ein: Je länger der Name, desto kleiner das Kaff … und Santibañez de

Valdiglesias ist ein verdammt langer Name. So ist es wohl nicht erstaunlich, dass wir die Dächer nach Storchennestern absuchen, sobald das Dorf in Sicht kommt. Vergeblich. Als wir im Eingang der noch geschlossenen Herberge stehen, wissen wir auch weshalb: schmutzig, heruntergekommen, ungepflegt … (Garten, Abendessen / Frühstück, hat mein Wander-führer verkündet) – kein vernünftiger Pilger bleibt hier, und kein vernünftiger Storch baut hier sein Nest. Warum passiert mir so etwas immer, wenn die nächste Herberge mindestens zwei Stunden entfernt ist? Nach Astorga sind es zwölf Kilometer. Durch die lange Pause unter den roten Sonnenschirmen an der Brücke geht es bereits dem Nachmittag zu, und heiß … heiß ist es heute sowieso. Aber es hilft nichts – lieber nutze ich unter dem Sternenhimmel meine Isomatte, als dass ich in dieser schäbigen Hütte nächtige. Nebenan in der ebenso schmuddeligen Bar lassen wir von einem bemerkenswert unfreundlichen Kellner unsere Wasserflaschen auffüllen, dann ziehen wir weiter.

Der Weg führt bergauf, kein Kaff und kein Café liegen zwischen Santibañez de Valdiglesias und Astorga, nur hügelige Getreidefelder im schönsten Nachmittags-sonnenschein. Und dann geschieht wieder mal so ein Camino-Wunder: Während Katja und ich uns zusammenphantasieren, was wir heute Abend in Astorga alles essen und trinken werden, steht mitten in der Pampa vor einem alten Schuppen ein einzelner junger Señor mit einer Melone unter dem Arm. Mit den grünsten Augen der Welt bietet er uns davon an, und damit nicht genug:

Hinter ihm ist auf einem Campingtisch ein veritables Pilgerbüffet aufgebaut – Obst, Nüsse, Limonade, Wasser, was das Wanderherz begehrt. Der Stempel, den er uns ins Credencial drückt, ist vollkommen angemessen rot und in Herzform, und die Spende, die wir in sein Töpfchen werfen, äußerst großzügig.

Solchermaßen gestärkt erreichen wir Astorga, das – natürlich – auf einem Hügel liegt. Leider ist es mittlerweile so spät, dass die Besichtigung von Kathedrale und Gaudí-Bischofspalast ausfallen muss. Wir schaffen es gerade noch, uns so weit herzurichten, dass wir uns in das Restaurant des benachbarten Hotels trauen, das viel zu schick für Leute in Flipflops wirkt (allerdings habe ich zur Feier des Tages meine Ohrringe herausgekramt). Trotzdem serviert man dort ein Pilgermenü. Tatsächlich ist die eine Hälfte der Tische von „normalen" Touristen besetzt und die andere von Menschen mit Fleecejacken, Zip-Hosen und verpflasterten Zehen.

Unsere Co-Pilger aus Villar de Mazarife, Anna aus Amerika und Michel aus Orléans, winken uns an ihren Tisch. Michel, der wieder das französische Kunststück fertigbringt, in T-Shirt und Boxer-Shorts vollkommen angemessen gekleidet zu wirken, gibt eine weitere Kostprobe seines staubtrockenen Humors, als er die Frage „More wine?" mit „No, I drive" beantwortet. Nachdem seine gestrige Ankündigung der Doping-Kontrolle in Santiago schon dazu geführt hat, dass meine Vormittags-Cola in „Cola-Doping" umbenannt wurde, ist hiermit der nächste stehende Spruch für die folgenden Tage gesichert.

Rabanal, 16. Juli

Es gibt Orte, die sind schön, es gibt Orte, die sind weniger schön, es gibt Orte, bei denen weiß ich schon von Weitem, dass ich dort einen wunderbaren Nachmittag verbringen werde, und es gibt Orte, die einfach immer schon auf mich gewartet haben. Rabanal del Camino gehört in diese letzte Kategorie – oder zumindest meine hiesige Unterkunft.

Aber der Reihe nach: Wir stehen spät auf und starten nach einem ausgiebigen Frühstück noch später, schließlich sollen es heute nach der gestrigen Gewalttour nur entspannte zwanzig Kilometer werden. Die Landschaft ist hügelig und hübsch, und auch die Dörfer sind hier ganz anders als in der Meseta. Teilweise auch verfallen, dafür liegt die Region der Lehmbauten jetzt endgültig hinter mir. Irgendeine poetische Seele hängt noch immer weise Sprüche an den Wegesrand: „Wherever you stand, be the soul of that place". Naja, ich bemühe mich drum.

Irgendwann zieht sich die Strecke jedoch endlos, die zweiunddreißig Kilometer von gestern waren nicht so schlimm wie die zwanzig von heute. Dabei habe ich ja ein ganz bestimmtes Ziel vor Augen: In Rabanal gibt es drei Herbergen. Aber nur eine wird von der britischen Jakobusgesellschaft geführt, und zwar in Kooperation mit dem lokalen Benediktiner-Orden. Die Frage, in welcher ich übernachten werde, stellt sich also gar nicht. Tatsächlich werden wir in dem hübschen alten Gebäude gegenüber der Kirche von einer very British Landlady empfangen, die Katjas Frage nach den Duschen mit einem freundlichen Lächeln und britischem Humor beantwortet: „Showers? There are no showers for pilgrims." Katja starrt mich entsetzt an – was ich mir bei dieser Unterkunft wohl gedacht habe?

Kaum sitze ich frischgeduscht mit ein paar anderen Pilgern am Gemeinschaftstisch im Garten, als der Landlord Tea and Biscuits vorbeibringt. Das Leben kann so schön sein! Bei den anderen Pilgern handelt es sich um zwei Italienerinnen und einen älteren Deutschen. Eine der beiden Italienerinnen hat dasselbe Fußproblem wie ich. Bei mir geht es besser, seitdem Krankenschwester Katja mir einen Verband umgelegt und Wunderpillen verabreicht hat, aber ein bisschen Sorge machen mir die Schmerzen doch. Wenn sie nicht verschwinden, muss ich nach der morgigen Bergetappe definitiv zum Arzt. So horche ich auf, als der Deutsche – Wolfgang – der Italienerin erklärt, er könne ihr Problem lösen, gratis und in kürzester Zeit.

Das ist ja interessant, denke ich, falls die Wunder-Therapie bei der Italienerin wirkt, kann er sie bei mir auch gleich anwenden. Ich erwarte etwas in der Form von Akupunktur oder Massage. Wolfgang geht zu seinem Rucksack und kommt mit einem Holzkästchen wieder, aus dem er zwei Bergkristalle hervorholt. Hm, denke ich mir, also eher eine Art Steintherapie. Wolfgang nimmt in jede Hand einen Bergkristall, hebt die Arme über den Kopf und schließt die Augen. Dann fängt er an, unverständliche Worte zu murmeln. Am Ende lässt er die

Arme sinken, teilt der Italienerin mit, dass er soeben die Engel angerufen hätte und fragt, ob sie schon Besserung spüre. Das arme Mädchen nickt tapfer. Aber ich habe große Zweifel, dass diese Therapie in meinem Fall anschlagen würde.

Katja kehrt von ihrem Mittagsschlaf zurück. Wir drehen eine Runde durch das Dorf, erlauschen ein wenig Benediktiner-Gesang hinter den Klostermauern und machen einen ungewöhnlichen Großeinkauf im lokalen G'schäfterl, denn heute gibt es kein Pilgermenü, sondern Selbstgekochtes. Das raffinierte Menü lautet: Spaghetti mit Fertigsoße. Während wir in der Herbergsküche versuchen, uns mit dem uralten Gasherd anzufreunden, wuseln mehrere italienische Muttis um uns herum, die komplizierte Dinge mit einer beeindruckenden Auswahl an Gemüsesorten tun. Gab's die etwa auch alle in dem kleinen Supermercado? Dann zaubern sie Öle, Gewürze und Kräuter hervor, die ich nie im Leben in einem Pilger-rucksack vermutet hätte. Ach, wir sind so phantasielos und faul!

Als ich die Spaghetti ins Wasser werfe, murmeln die Signoras einander zu, dass der Rest der Welt ja keine Ahnung vom Zubereiten von Pasta habe, und als ich schließlich die Fertigsoße auf den Herd stelle, ist klar, dass der kulinarische Untergang des Abendlandes in diesem Augenblick in einer nordspanischen Herbergs-küche stattfindet – zumindest aus italienischer Sicht.

Als ich später beim Essen am Gartentisch die italienischen Kommentare wiedergebe, grinst ein dänischer Pilger: Was Esskultur und Kochkunst angeht, liegen die italienischen Damen vielleicht vorn – aus Ernährungssicht wären unsere unverdünnten Kohlenhydrate in unserer Situation einem Gemüseeintopf aber auf jeden Fall vorzuziehen. Und er hat recht: Wir putzen die Familienpackung Spaghetti zu zweit weg. Bei der letzten Nudel fängt mich der Landlord-Hospitalero ab: Es sei üblich, dass beim Vespergottesdienst mit den Mönchen eine spanisch-englisch-deutsch-französische Bibellesung durch die Pilger stattfindet. Ob ich den deutschen Teil übernehmen würde? Wenn er mich so fragt: sehr, sehr gerne. Nachdem ich so oft in diesen Wochen mit dem Thema Gottesdienst über Kreuz gelegen habe und weder „Mea Culpa" murmelnde alte Frauen noch die vertrockneten Nonnen von León ertragen konnte, habe ich hier endlich das Gefühl, am richtigen Ort zu sein. Ich tue es nicht nur gerne, ich freue mich ganz besonders, weil der Landlord-Hospitalero bei der großen Auswahl an deutschen Pilgern ausgerechnet mich gefragt hat. Als ob er wüsste, dass ein winziger Teil von mir weder in Germany noch in Nordspanien, sondern auf seiner verregneten Insel zuhause ist.

Der Vespergottesdienst findet in der kleinen Kirche gegenüber der Herberge statt. Da die Kirche gerade mithilfe der Mönche renoviert wird, ist der Raum begrenzt, die Pilger sitzen und stehen dicht an dicht. Die drei anderen Leser und ich dürfen auf einer separaten Bank im Altarraum Platz nehmen. Die vier Mönche sind überraschend jung und wirken ganz anders als die Nonnen von León, weniger abgehoben, viel näher an der Realität – was erstaunlich ist, denn ihren Gottesdienst halten sie auf Latein. Nur die Lesungen sind auf Spanisch-Deutsch-Englisch-Französisch. Und ich lese: „Ihr seid voll Freude, obwohl ihr jetzt vielleicht kurze Zeit unter mancherlei Prüfungen leiden müsst. Dadurch soll sich Euer Glaube bewähren, und es wird sich zeigen, dass er wertvoller ist als Gold, das im Feuer geprüft wurde und doch vergänglich ist. So wird Eurem Glauben Lob, Herrlichkeit und Ehre zu teil bei der Offenbarung Jesu Christi. Ihn habt ihr nicht gesehen, und dennoch liebt ihr ihn, ihr seht ihn auch jetzt nicht, aber ihr glaubt an ihn und jubelt in unsagbarer, von himmlischer Herrlichkeit verklärter Freude, da ihr das Ziel des Glaubens erreichen werdet: Euer Heil."

Obwohl Ihr jetzt vielleicht unter mancherlei Prüfungen leiden müsst: Ja, der Text passt wirklich sehr gut in meine Situation. Ich lese ihn zu meinem eigenen Erstaunen vor der Pilgergemeinde laut, klar und ohne ein Zittern in der Stimme. Schluchzt da etwa jemand? Ja, bestätigt mir Katja später, da hat jemand geschluchzt. Der dänische Pilger fügt hinzu, er hätte eine Gänsehaut gehabt. Na, ich glaube, wir Pilger sind einfach ein emotional leicht erregbares Völkchen. Und kaum sind wir zurück in der Herberge, holt uns gepflegter Berliner Dialekt wieder auf den Boden der Tatsachen zurück: „Jiebt et hier noch'n freiet Bett?" Ein durchschwitzter Radfahrer steht vor uns. „Ick brauch'n Bett und 'ne Dusche. Ick komm aus Caltzadielja dela Quetza."

Was? Calzadilla de la Cueza? Das ist der Ort in der Meseta, wo ich Lehmhäuser fotografiert und meine schlechte Laune ausgelebt habe. Das ist sieben Tage her – oder hundertfünfzig Kilometer. Auf Nachfrage erklärt der Berliner, er hätte nur eine Woche Zeit und müsste übermorgen in Santiago sein. Hab' ich's nicht gesagt? Radpilger sind vollkommen bekloppt. Aber als wir uns vor dem Schlafengehen ein zweites Mal kurz in der Kirche versammeln, um vom Vater Abt den Pilgersegen zu empfangen, werde ich einmal mehr eines Besseren belehrt: Neben mir steht der Berliner, immer noch in Radlerklamotten, andächtig, betend und mit feuchten Augen, während ich lahme Aushilfspilgerin in Gedanken bereits beim nächsten Tag und der unglaublichen Tatsache bin, dass ich morgen früh das Cruz de Ferro passieren werde, eine der großen Wegmarken auf der Reise nach Santiago – die vorletzte, um genau zu sein. Danach kommt noch der Aufstieg nach O Cebreiro in Galizien, und dann ist man schon fast da.

Molinaseca, 17. Juli

Ich gebe zu Protokoll, dass ich vermerkt habe, dass es sich bei Molinaseca um einen sehenswerten Ort handelt. Ich persönlich werde davon aber nichts haben, denn NIEMAND, der heute von Rabanal nach Molinaseca gewandert ist, hat noch das geringste Interesse an Sightseeing. Der Großteil dieser Menschen schläft oder befindet sich in einem tranceähnlichen Zustand. Françoise hüpft mit ihrer Wäsche herum und ich schreibe in mein Buch – obwohl selbst ich einer Runde Nachmittagsschlaf nicht abgeneigt wäre.

Der Tag in Rabanal beginnt um sechs Uhr bei Dunkelheit und erstaunlicher Kälte – immerhin befinden wir uns auf knapp tausendzweihundert Meter Höhe. Ich ziehe einfach alles an, was ich dabei habe: lange Hose, Langarm-T-Shirt, Kurzarm-T-Shirt, Fleecejacke, Nickituch, Regenjacke und Hut. Hat den positiven Nebeneffekt, dass der Rucksack leichter ist.

Der Landlord-Hospitalero lässt uns in die morgens eigentlich geschlossene Küche, damit wir zu unserem Keks- und Müsliriegel-Frühstück wenigstens noch einen Becher heißen Tee trinken können. Nach einem sehr herzlichen Abschied ziehen Katja und ich bergan in die Finsternis. Der Sternenhimmel weicht ohne nennenswerten Sonnenaufgang düsteren Regenwolken und einem mit dänischer Nordsee-Stärke pustendem Wind, während wir über karge, von Heidekraut umgebenen Höhenwege Richtung Foncebadon wandern (Foncebadon: Der Ort, in dem Pilgervater Kerkeling eine unangenehme Begegnung mit wilden Hunden hatte). In der Ferne grollt immer wieder ein Gewitterdonner, über den Bergen zucken vereinzelte Blitze, und ich frage mich ganz ernsthaft: Was tue ich hier eigentlich? Mal davon abgesehen, dass dies der kälteste 17. Juli meines Lebens ist: Bei solchen Wetterlagen sollte man sich nicht draußen und schon gar nicht im Gebirge herumtreiben, sondern gemütlich auf dem heimischen Sofa sitzen und heiße Schokolade trinken. Plötzlich links von uns ein roter Punkt: Irgendein Scherzbold hat eine knallrote Schaukel in eine alte Eiche am Wegesrand gehängt. Humor haben sie ja, die Pilger. Und während Katja morgens um sieben im Gebirge unter Donnergrollen eine Runde schaukelt, fällt mir etwas ganz anderes auf – dass nämlich mein Fuß nicht mehr wehtut. Sollte Bergkristall-Wolfgangs Wunderkur doch gewirkt haben?

Pünktlich zum zweiten Frühstück um acht Uhr laufen wir in Foncebadon ein. Zu Papa Kerkelings Zeiten noch eines von vielen ausgestorbenen Bergdörfern, gibt es mittlerweile wieder einige Bewohner und zwei Herbergen. In einer lassen wir uns von einem kräftigen Café con leche wieder auftauen. Dabei geht es uns vergleichsweise gut. Die spanischen Pilger mit ihren Vierundzwanzig-Liter-Rucksäcken haben meist nur Shorts und T-Shirt mit, maximal eine Fleecejacke, wickeln sich in ihre Badelaken und stecken die Hände in Ersatzsocken.

Von Foncebadon aus ist es nur eine gute Stunde zum Cruz de Ferro, das auf etwa tausendfünfhundert Metern liegt. Von der angeblich sagenhaften Aussicht ist natürlich nichts zu sehen, es herrscht weiter Gewitterstimmung, während uns ein eiskalter Wind um die Ohren pfeift. Eigentlich ist mir das ganz recht. Ich bin gerade mal wieder ein wenig emotional aufgeladen, umklammere die beiden Steine in meiner Jackentasche, meinen eigenen und den, den meine Mutter mir mitgegeben hat, bringe absichtlich etwas Abstand zwischen Katja und mich und nehme den letzten halben Kilometer nur noch durch einen Tränenschleier wahr.

Unsere Steine legen wir dann auch getrennt ab, jeder in seine Gedanken versunken. Meine zwei platziere ich auf der Westseite des kleinen Hügels, denn das ist die Richtung, in die ich weiterlaufe. Es geht ja darum, am Eisernen Kreuz symbolisch einen Teil seiner Lasten abzulegen und sich unbeschwert der Zukunft zuwenden zu können. Ehe ich mich allzu sehr in Gedanken über die Lasten der vergangenen Jahre verlieren kann, berlinert es hinter mir wieder: „Kannste ma 'n Foto von mir schießen?" Der Radfahrer aus Calzadilla de la Cueza hat uns eingeholt, und obwohl er heute noch mindestens hundertzwanzig Kilometer radeln will, um morgen in Santiago anzukommen, hat auch er ein paar Minuten für sein Stein-Ritual eingeplant.

Kurz hinter dem Cruz de Ferro, zwischen von Ginster und Heidekraut bestandenen Berghängen, liegt Manjarín, eine der sagenhaftesten Herbergen des Jakobsweges. Hier hat sich ein eigenwilliger Eigenbrötler namens Tómas mehrere Bretterbuden zusammengenagelt, um in der Tradition der Tempelritter Pilger zu empfangen. Man KANN hier übernachten, sollte dies aber nur tun, wenn man kein alleinwanderndes kleines Pilgerfrau ist – und wenn man damit leben kann, dass die Frage nach den Toiletten mit einem Fingerzeig auf den nächsten Busch beantwortet wird. Für vorbeiziehende Pilger gibt es Tee und Kaffee, ein Plätzchen am Waschtrommelfeuer und die Aufforderung, eifrig zu spenden oder von den kitschigen Tempelritter-Andenken zu kaufen.

Solchermaßen gestärkt machen wir uns auf zum Abstieg. Passenderweise bricht endlich der Wolkenhimmel auf. Zwischen uns und dem Tagesziel Molinaseca liegen tausend Höhenmeter – ein dreizehn Kilometer langer Abstieg, der atemberaubende Ausblicke über die Montes de León, die Ebene von Ponferrada und die Berge vor Galizien bietet, gesäumt von flechtenbewachsenen Eichen und riesigen Kastanien. Schon El Acebo, der erste Ort hinter Manjarín, sieht ganz anders aus als die Dörfer auf der östlichen Seite des Gebirges. Die Häuser sind aus hellem Stein, mit Schieferdächern, hölzernen Balkonen und Treppenaufgängen, umstanden von Stockrosen und anderen Sommerblumen.

Doch die wunderschöne Umgebung kann nicht davon ablenken, wie anstrengend der Abstieg ist. Meine Kniegelenke bedanken sich herzlich. Am Ortseingang von Molinaseca überschreite ich die Siebenhundert-Kilometer-Grenze. Katja macht das fällige Foto von mir, aber mir ist klar, dass ich den besonderen Anlass nicht gebührend feiern werde – mag der Fuß auch nicht mehr wehtun, meine Knie haben definitiv keine Lust mehr. Allerdings ein heute weitverbreitetes Phänomen, die Treppen in der Herberge nimmt an diesem Nachmittag niemand mehr ohne Probleme. Es hat durchaus etwas Unterhaltsames, uns Pilgern zuzuschauen, wie wir mit tapfer zusammengebissenen Zähnen die drei Stockwerke zwischen Zimmer und Dusche hinunter hüpfen, humpeln oder watscheln. Immerhin gibt es hier maximal acht Betten pro Zimmer, also echten Pilgerluxus, und keine Etagenbetten. Ein oberes Etagenbett würde mich heute überfordern!

Anstelle eines Schläfchens verplaudere ich dann den Nachmittag mit Françoise, der Französin, der ich jetzt seit einer Woche immer wieder begegne. Françoise hat die enervierende Angewohnheit, jedermann und jederfrau ohne Vorwarnung zu fotografieren – ich möchte gar nicht wissen, auf wie vielen Bildern sie mich mittlerweile verewigt hat. Endlich erfahre ich den Sinn der Sache: Wenn sie heimgekehrt ist, will sie all ihre Freunde und Verwandten zu einer großen Party einladen und ihre Camino-Bilder in einer Endlosschleife laufen lassen. Und zwar keine Landschaftsaufnahmen, sondern die Gesichter des Caminos. Hoffentlich kommt sie vorher auf die Idee, die Fotos von der Schmutzigblonden in der abgenudelten grauen Tchibo-Fleecejacke zu löschen.

Später beim Pilgermenü in der Herberge (niemand hätte es zurück ins Dorf geschafft) sind wir immer noch so erschöpft, dass keiner protestiert, als die Hospitalera uns Teller und Schüsseln aus den Händen reißt, ehe irgendjemand Nachschlag nehmen kann. Muss wohl noch für die Familie reichen, mutmaßen wir. Die Hotelfachfrau in mir schätzt den Wareneinsatz für Salat, Spaghetti und Natellas und gratuliert in Gedanken zum guten Schnitt.

Cacabelos, 18. Juli

Die baskische Señora in Cirauqui hat recht gehabt: Spanische Pilger treten fast immer in Gruppen auf – und sie sind immer laut. Ich vertraue jetzt einfach mal darauf, dass sie gleich in Gruppen essen gehen oder in Gruppen Siesta halten. Siebenhundert Kilometer haben mich meinen Mitmenschen gegenüber leider nicht nachsichtiger gemacht. Ein besserer Mensch werde ich in diesen Wochen sicher nicht mehr. Vielmehr könnte es sein, dass ich Aggressionen gegen Leute entwickle, die hier ein- bis zweiwöchiges Vergnügungspilgern betreiben.

Der Tag beginnt entspannt bei schönem Wetter und mit Bambis auf dem nächsten Feld. Heute geht es nicht bergab oder bergauf, sondern einfach nur gemütlich geradeaus durch die Ebene vor den galizischen Bergen. Größter Ort ist Ponferrada, das wir pünktlich zum zweiten Frühstück erreichen. Man biegt um die Ecke und steht, hoppla, vor der zinnenbewehrten Rapunzelburg der Templer, die Ponferrada zu einem der bekannten Camino-Orte macht.

Direkt gegenüber der im Morgensonnenschein liegenden Burg befindet sich das Café Godivah, wo neben den üblichen Pilgerverdächtigen auch ein Frühstück wartet, das diesen Namen wirklich verdient: deftig belegte Brötchen, Orangensaft und die lokale Spezialität Churros, süße Kringel, die in Schokolade getaucht werden. Zu den schönen Seiten des Pilgerns gehört definitiv, dass man immer einen guten Grund hat, um umfangreich und ungesund zu essen.

Ponferrada ist eine nette Stadt mit den gewohnten kommunikativen älteren Señores. Weiter geht es durch Obst- und Gemüsepflanzungen in Richtung der blau schimmernden Berge am Horizont. Hinter Camponareyes retten uns holländische Co-Pilger vor dem Irrweg zur Autobahn, und die letzten sechs Kilometer zum Tagesziel Cacabelos bilden einen wunderschönen Vorgeschmack auf Galizien. Weinstöcke und Sommerblumen begleiten uns, jemand hat viele hübsche Holzwegweiser und die eine oder andere Bank in die gefällige Landschaft gestellt. Die blauen Berge vor uns verheißen immer klarer: Galizien rückt näher!

Die Herberge in Cacabelos gehört zu den originelleren des Weges: In die die Kirche umgebende Mauer sind luxuriöse Zwei-Bett-Kabinen gebaut. Man trifft sich an der Kirchenmauer zum Waschen, Plaudern, Essen und Wäschetrocknen. Und auf dem Kirchendach befindet sich, selbstverständlich, ein Storchennest.

Nach der Kirchenbesichtigung bleibt nur noch eine Frage ungeklärt: Wer läuft morgen den Camino Duro? Duro, ganz richtig, heißt hart und bildet die schöne Variante zu der eigentlichen Route entlang der Straße. Duro, weil steil bergauf und ziemlich anstrengend. Wofür man der Sage nach mit einer einsamen Wanderung und wunderschönen Ausblicken belohnt wird. In Françoises französischem Wanderführer wird von der Route komplett abgeraten. Meiner weist ausdrücklich darauf hin, dass diese Variante steil und schwierig ist (und wenn dieses Buch das tut, muss etwas dran sein). Die holländischen Pilger sagen: „Nö, wir haben Urlaub", und ich sage – insbesondere nach gestern – „Nö, mir reicht übermorgen der Aufstieg nach O Cebreiro." Davon mal abgesehen: Ich bin durch die Pyrenäen gelaufen. Ich habe die Hitzeschlacht vor Viana überlebt und den Marsch nach Burgos. Nach all dem, was ich in den letzten vier Wochen geschafft habe, muss ich mir nichts mehr beweisen. Und schöne Aussichten habe ich in den letzten Wochen en masse gehabt. Auf den Camino Duro kann ich verzichten.

Für Katja, die ja erst seit Léon unterwegs ist, stellt sich die ganze Geschichte anders dar. Nach vielem Hin und Her ist sie entschlossen, den Camino Duro zu nehmen. Ich organisiere ihr einen Last-Minute-Gepäck-Transport, damit sie die schwierige Strecke ohne Rucksack laufen kann. Katja will am Ende des Camino Duro in Trabadelo übernachten, ich will weiter nach Vega de Valcarce, aber wir werden auf jeden Fall Handykontakt halten.

Ruitelán, 19. Juli

Ich bin allen davongerannt. Der kleinen Françoise, dem spanischen Humpelfuß, dem rundlichen Monsieur mit der Baskenmütze, den beiden Holländern und auch der sächsischen Katja. Ich habe allerdings die Hoffnung, den einen oder anderen morgen wiederzusehen, denn was mich so rennen ließ, war die meiner Ansicht nach inakzeptable Herbergssituation in Vega de Valcarce.

Der erste Teil des heutigen Weges bis Villafranca del Bierzo ist wunderschön und einmal mehr ein echter Genuss nach den Tagen in der Meseta. Viele Weinberge, immer mal ein Obstbaum dazwischen, viele Ausblicke auf die im Morgennebel daliegenden Felder und Berge – wenn Galizien ähnlich aussieht, werden die nächsten Tage eine reine Freude. Warum hat mir niemand – kein Wanderführer und kein Blog – erzählt, wie schön es hier ist? Die Berge und Dörfer erinnern mich an die französischen Pyrenäen, die ich vor genau vier Wochen durchwandert habe.

In Villafranca del Bierzo machen wir am Marktplatz die morgendliche Kaffeepause mit den üblichen Verdächtigen. Im gegenüberliegenden Hotel wird das Pilgergepäck einer organisierten Wandergruppe angeliefert. Wir Ur-Pilger heben da ein wenig hochmütig eine Augenbraue und bestätigen uns gegenseitig, dass diese Leute womöglich einen netten Wanderurlaub erleben. Die Erfahrungen einer echten Pilgerreise werden sie aber nicht teilen können.

Nach dem Kaffee bricht Katja zum Camino Duro auf und ich zum Camino Weichei. An dem Schild an der Abzweigung, an dem wir uns trennen, tritt eine Señora aus dem Haus und erklärt, dass wir auf keinen Fall die Duro-Variante über die Berge nehmen sollen. Viel zu schwer! Katja bricht trotzdem frohen Mutes auf und ich bin auch überzeugt, dass die Strecke für sie lohnend sein wird. Die von Pilgervater Kerkeling eindrucksvoll beschriebene Straßenvariante entpuppt sich hingegen als vollkommen harmlos. Dank der mittlerweile fertiggestellten Autobahn sind auf der Landstraße mehr Pilger als Autos unterwegs, und vor den paar Autos, die vorbeikommen, schützt der breite Seitenstreifen. Bis Pereje plaudere ich mit einem französischen Monsieur, wobei die Zeit wie im Fluge vergeht. In dem kleinen Straßendorf bildet die hübsche Kirche den vorläufigen Höhepunkt des Tages – der relativ schlichte Altar berührt mich mehr als all die Goldaltäre zwischen Jaca und León. Die Strecke bis Trabadelo ist wieder ereignislos, dafür schalte ich, einmal alleingelassen, auf mein altes Eiltempo um und renne dem Rest davon.

Kurz vor Trabadelo überkommt mich eine Hungerattacke und treibt mich ins erste Café am Wegesrand, wo ich eine ausgiebige Rast einlege. Der Wirt spricht gut Deutsch und fragt das übliche Woher? Wohin? – Nach Vega de Valcarce? In die brasilianische Herberge? Uh, hm, naja … In meinem Buch wird die mit gut bewertet, sage ich, während der Wirt den Kopf schüttelt. Wenn sie mir nicht gefällt, gehe ich in die städtische Herberge, verspreche ich, und daraufhin lässt er mich mit dem gewohnten „Buen Camino" ziehen.

Die Strecke zwischen Trabadelo und Vega de Valcarce ist tatsächlich furchtbar. Der Weg führt weiterhin an der nun doch stark befahrenen Straße entlang, durch zwei Straßendörfer und an einer riesigen Tankstellen-Anlage vorbei. Herbergen gibt es hier alle paar Kilometer, aber keine, in der ich übernachten wollte. Und als ich endlich – es ist mal wieder unerträglich heiß – vor der brasilianischen Herberge stehe, die totale Ernüchterung: nee. Das ist mir schlichtweg zu … brasilianisch. Nebenan ein halb fertiges Gebäude, vor dem Haus kein Stück Schatten, das Haus selbst: unten bunt, oben schmuddelige Fenster, vor denen noch schmuddeligere gelbe Vorhänge flattern … nee. Sogar die Aussicht auf Waschmaschine und Internet kann mich da nicht reinlocken. Also spaziere ich weiter zur städtischen Herberge.

Der Ort wirkt hübsch, das Bild vor der städtischen Herberge erinnert mich aber fatal an Navarrete: Niemand zu sehen außer einem Schmuddelpilger, der mir in Schweizerdeutsch und sich die nackte Brust kraulend erklärt, dass um acht Uhr jemand zum Stempeln vorbeikommt. Ich sollte mir lieber in einem der oberen Räume ein Bett suchen, da wäre er auch.

„Jemand kommt zum Stempeln vorbei" ist immer ein ganz schlechtes Zeichen, und irgendwie ist in dieser Herberge nichts, was mich zum Bleiben einlädt. Ich setze mich in die offene Küche und überlege, was ich tun soll.

Katja meldet per SMS, dass sie den Camino Duro gut überstanden hat – war gar nicht so duro – und in Trabadelo übernachtet. Ich schlage meinen Wanderführer auf, um zu einer vernünftigen Entscheidung zu kommen – wenn ich heute weiterlaufe, wird Katja mich morgen kaum noch einholen können – als etwas geschieht, das jedes Aber über den Haufen wirft. Eine

Dame mit Tagesrucksack spaziert herein, einen schicken Trolley-Koffer hinter sich her ziehend. Den hebt sie auf ein unteres Etagenbett, öffnet ihn und entnimmt ihm eine blütenweiße, gebügelte Bluse. – Ja, ich kann verstehen, dass Katja sich ihren Rucksack für den Camino Duro hat transportieren lassen. Ja, ich kann verstehen, dass man das macht, wenn man Rückenprobleme bekommt. Aber einen Trolley-Koffer – das verstehe ich nicht. Und eine gebügelte Bluse ... nein. Ich glaube das gar nicht. Ich bleibe keine zwei Minuten länger hier! Das fehlt noch, dass mein tapferes braunes Outdoor-T-Shirt (schnelltrocknend, schweißhemmend, moskitoabweisend) heute Abend mit einer gebügelten weißen Bluse an einem Tisch sitzen muss!

Ruitelán heißt das Zauberwort, zweieinhalb Kilometer entfernt, und verspricht homöopathische Massagen (die ich gar nicht brauche), vierzig Einwohner und ein köstliches Abendessen. – Und da bin ich jetzt. Außer mir eine französische Familie und drei bemerkenswerte deutsche Pilgerinnen: Die eine die älteste, die andere die jüngste und die dritte die verschlafenste, die ich je getroffen haben. Außerdem noch etwas wirklich Exotisches, nämlich eine Slowenin, die auf Sandalen und im Flatterkleid eigentlich noch nach O Cebreiro wollte und mich auf den Boden der Tatsachen zurückholt, indem sie dem Hospitalero beim Einchecken erklärt: No Dinner, dafür habe ich kein Geld.

Einmal mehr bleibt es ein Rätsel, weshalb wir uns nur zu acht in einer Herberge tummeln, die dreißig Betten hat und viel mehr Ruhe und Herzlichkeit bietet als die Herbergen in Vega de Valcarce. Ich besichtige das Minikirchlein des Ortes und den angeklebten Friedhof. Bei meiner Rückkehr steigt der Hospitalero mit der Slowenin ins Auto: Sie ist gar nicht so bemitleidenswert arm, wie ich dachte, sie hat nur vergessen, in Vega de Valcarce zum Geldautomaten zu gehen. Deswegen setzt der Hospitalero sie jetzt in sein Auto und fährt sie hin. Dann gibt es Essen: Gazpacho, Salat, Spaghetti, Natellas, das Standard-Programm, aber lecker zubereitet und liebevoll angerichtet.

Mir fällt auf, dass die Pilger, die ich jetzt treffe, diejenigen sind, die zur gleichen Zeit in Santiago ankommen werden wie ich. Umso schwerer fällt es mir, ihnen davonzulaufen. Und da mir jetzt Schwester Katja verloren gegangen ist, werde ich vielleicht alleine in Santiago ankommen. Oder kann es sein, dass es vollkommen unmöglich ist, alleine in Santiago anzukommen?

Fonfría, 20. Juli

Der heutige Tag war von dem Phänomen geprägt, das schon meine ganze Reise begleitet: perfektes Timing. Am Morgen werden wir um sechs Uhr mit dem Ave Maria geweckt, es folgt Nessun Dorma und ein opulentes

Frühstück – jedenfalls für spanische Verhältnisse. Um sieben spaziere ich los und überhole vor dem nächsten Ort erst einmal Françoise. Da passt es, dass auch diese kleinen Straßendörfer in grünen Bergtälern mit ihren glucksenden Bächen mich wieder an meine beiden ersten Wandertage in la belle France erinnern.

Wie im Wanderführer versprochen, ist der Anstieg nach La Faba kurz und steil, aber längst nicht mehr so anstrengend, wie ich ihn noch vor vier Wochen gefunden hätte. In La Faba und vor dem der Sage nach furchtbaren Aufstieg nach O Cebreiro ist es höchste Zeit für mein Morgen-Doping. Vor dem Café sitzt bereits die Slowenin und lutscht ein Eis. Um halb neun in den Bergen? Na, die hat einen putzigen Geschmack. Abgesehen davon sieht sie genauso aus wie gestern Nachmittag, Flatterkleid, Sandalen und strähnige Haare. Ich habe den Verdacht, dass sie seitdem weder aus den Klamotten herausgekommen ist noch geduscht hat. Und da komme ich mir verschlumpft vor!

Ich betrete also das hübsche, helle Café, gedanklich irgendwo zwischen Schlumpf und O Cebreiro, ignoriere zum wiederholten Mal die drei unsympathischen Deutschen mit der Luxus-Wanderausstattung, die mich seit Tagen zwecks Kontaktaufnahme interessiert angrinsen, spaziere Richtung Bar und bleibe wie vom Donner gerührt stehen: Den schwarzen Pullover am Tresen kenne ich doch! Das ist Katja! Wie ist die denn hierhergekommen? Um halb neun und mit neun Kilometer Rückstand?

Sie ist um fünf Uhr mit einem Schwung Rennpilger in Trabadelo losgerannt. Darauf gibt's erst einmal ein Cola-Doping! Wiedervereint beginnen wir die gefürchtete Etappe nach O Cebreiro. Wovor habe ich mich eigentlich so gefürchtet? Es geht bergauf. Wir rennen einer riesigen spanischen Schülergruppe davon. Mitten auf dem Weg steht ein Pferd. Die Aussicht zurück ins Tal ist grandios. Wir kommen durch das Bergdorf La Laguna, wo man / Pilger mit keltischer Musik beschallt wird. Plötzlich steht ein Schäferhund auf dem Weg. Na super, soll ich jetzt so kurz vor Galizien doch noch von einem Hund ausgeknockt werden? Sein Herrchen biegt um die Kurve, ein flötenähnliches Instrument unter dem Arm. Im Näherkommen erkenne ich: Es ist eine Klarinette. Er steckt sie sich in den Mund und beginnt, das Klarinettenkonzert von Mozart zu spielen.

Ich stehe versteinert mitten auf dem Weg und bringe kein Wort mehr über die Lippen. Hier, vor diesem wunderbaren Bergpanorama unter dem blauen Sommerhimmel, wenige Schritte vor dem Grenzstein nach Galizien, der die letzte Etappe meiner vom Glück begleiteten Wanderung markiert, hier kommt ein spanischer Hundebesitzer mit einer Klarinette vorbei und hat nichts Besseres zu tun, als das Musikstück zu spielen, das für mich für immer mit meinem verstorbenen Vater verbunden bleiben wird. Ich glaube nicht an Übersinnliches und bin auch der Meinung, dass die meisten Zufälle eine rationale Erklärung haben, aber das hier überfordert mich komplett. Die arme Katja begreift immerhin, dass das Universum mir gerade einen

Hammerschlag versetzt hat. Als ich ihr Minuten später endlich erklären kann, was eigentlich passiert ist, nimmt sie das mit dem verständnisvollen Nicken eines erfahrenen Jakobsweg-Pilgers auf. Jeder wahre Pilger hat nämlich unterwegs sein eigenes Klarinetten-Erlebnis.

Ein paar Meter weiter holt mich der Grenzstein nach Galizien zurück ins Leben. Galizien! Ich hab's tatsächlich geschafft! Santiago wird zur Nebensache. Ich habe Aragón, Navarra, Rioja und Castilla y León durchquert und bin in Galizien! Es geht noch ein Stück bergauf – harmlos, der ganze Aufstieg war längst nicht so schlimm wie erwartet – und dann ist O Cebreiro erreicht, das putzige Dorf mit den traditionellen Rundhäusern. Gleich rechts liegt die schlichte kleine Kirche, die genau der richtige Ort ist, um innezuhalten und sich bei wem auch immer dafür zuständig ist für die letzten vier Wochen zu bedanken.

Am Eingang der Kirche drückt eine junge Frau, die parallel in ihr Handy plappert, in Fließbandarbeit und mit bemerkenswerter Lustlosigkeit nicht weniger als vier Stempel ins Credencial. Nicht mehr begeistert ist der Señor, der später im örtlichen G'schäfterl Pilger mit Brot und anderem versorgt. Der Ort und die Aussicht in die grüne Landschaft Galiziens sind trotzdem so schön, dass wir alle abgelenkt und wie die Lemminge beim Weitergehen auf die Landstraße statt zum Camino rennen. Nach drei Asphalt-Kilometern ist im Mini-Dorf Linares alles wieder gut. Der Weg führt bergauf zu einem weiteren Pilgerdenkmal. Die gibt's hier in jedem Ort.

Diese ist jedoch besonders eindrucksvoll: Eine hagere mittelalterliche Pilgergestalt, die sich vor den grünblauen Bergen gegen den in der Tat kräftig blasenden Wind stemmt.

Nach mehreren Asphalt-Kilometern geht rechts ein Feldweg ab und führt abermals bergan, Aufstieg Nummer drei an diesem Tag, zum Alto do Poio. Die letzten Meter sind wirklich steil, aber mein Wanderführer verspricht, dass dies der letzte Aufstieg dieser Art bis Santiago ist. Alto do Poio besteht aus genau zwei Häusern und einer Durchgangsstraße, was Katja definitiv zu wenig ist. Obwohl sie an diesem Bergauf-Wandertag schon neun Kilometer mehr als ich in den Beinen hat, will sie weiter. Mir soll's recht sein, ich bin noch fit und will auch weiter nach Fonfría. Fonfría ist nicht größer als Alto do Poio, die Aussicht jedoch auch hier großartig. Die Herberge verfügt über einen großen, gemütlichen Aufenthaltsraum mit breiter Panorama-Fensterfront – ich fühle mich in eine afrikanische Lodge zurückversetzt.

Ich finde eine Waschmaschine und funktioniere meine ultradünne Reisedecke zum Wickelrock um, um meine beiden Hosen waschen zu können. Höhepunkt des Abends ist erstens die Gemüsesuppe und zweitens die leckere Mandeltorte. Die Hotelfachfrau in mir kommt aber nicht umhin zu rechnen und festzustellen, dass die Herberge dank des Hauptganges (Makkaroni) einen exzellenten Gewinn mit dem Essen machen dürfte.

Galizien ist so wunderschön und Santiago nur noch hundertzweiundvierzig Kilometer entfernt. Wie konnte das passieren? Nächsten Sonntag oder Montag werde ich dort sein. Unvorstellbar, was ich an der Kathedrale tun werde. Vermutlich in den Weinkrampf meines Lebens ausbrechen. Gestern auf der Alleinwanderung und heute Morgen vor dem Wiedersehen mit Katja habe ich darüber nachgedacht, was der Weg mir – außer täglichen Überraschungen und diversen Heulattacken – gebracht hat. Vieles wird mir wahrscheinlich erst mit einigem Abstand klar werden, wenn ich wieder in die Hamburger Normalität eingetaucht bin. Eines weiß ich jetzt allerdings schon mit Sicherheit: In der Abteilung Glauben und Zweifel ist der Glauben stärker geworden und der Zweifel kleiner. Noch immer bin ich dankbar für das Geschenk meiner beiden Bonus-Wandertage in Frankreich, die mir – wenn auch nur im Kleinen – gezeigt haben, dass man sich von Hindernissen nicht beeindrucken lassen darf. Noch immer freue ich mich über jeden Sonnenaufgang, jedes Storchennest, jedes kleine Wunder der Natur am Wegesrand. Der Einklang mit der Natur war wohl das, was ich am wenigsten erwartet hatte, aber tatsächlich ist es so: Wenn man sich in seiner natürlichen Geschwindigkeit – nämlich im Gehen – fortbewegt, dann gewinnt man den Blick für die kleinen Dinge zurück und stellt fest, wie einfach es ist, Freude zu empfinden.

San Mamede, 21. Juli

Pilger sind wie Lemminge. Wir rennen alle in die gleiche Richtung, wenn wir allerdings schlaue Lemminge sind, rennen wir den Massen davon und bleiben in den kleinen Orten hängen. Die Holländer begleiten Katja und mich seit Villar de Mazarife, Françoise hält den Rekord seit Calzada del Coto. Aber wo sind all die anderen Pilger aus Hornillos, Calzadilla de la Cueza und zuletzt León? Die schwarzen Löcher am Wegesrand haben sie alle miteinander verschluckt.

Heute Morgen kommt die deutsche Damenecke im Schlafsaal – Katja, Bärbel, das Schlafmützchen aus Ruitelán und ich selbst – schlecht aus den Federn. Das dünne Schlafmützchen aus Ruitelán sowieso, die ältere Bärbel ist ohnehin nicht von der hektischen Sorte, Katja ist nach ihrer gestrigen (Tor-)Tour fix und fertig und ich habe schlichtweg keine Lust. So sind wir zu der unirdisch späten Zeit von Viertel vor sieben die Letzten im Schlafsaal und die allerletzten beim Frühstück. Ich bemühe mich um ein wenig Konversation mit dem Schlafmützchen. Sie wirkte in Ruitelán schon so abgrundtief unglücklich, hat weder dort noch hier irgendetwas gegessen oder generell die Zähne auseinander bekommen. Mit mir allein am Frühstückstisch wird sie dann doch etwas gesprächiger: Sie ist erkältet, seit zweieinhalb Wochen unterwegs, bereits Bus gefahren und hat seit dem ersten Tag Heimweh. Spaß scheint ihr die ganze Sache nicht zu machen, und weshalb sie überhaupt auf dem Weg ist, bleibt ihr Geheimnis, denn als Katja sich schließlich zu uns gesellt, klappt sie Mund und Panzer wieder zu und gibt kein weiteres Wort mehr von sich.

Zur unirdisch späten Pilgerzeit von halb acht brechen wir auf. Und Galizien ist tatsächlich so schön, wie ich es erwartet hatte! Knorrige Bäume und moosbewachsene Mäuerchen vor schönen Aussichten wechseln sich ab. Jede Dorfstraße ist mit Kuhfladen gepflastert, und jedes Dorf besteht maximal aus zwei Häusern links, drei Häusern rechts. In Ramil an der hundertjährigen Kastanie – die in Pilgerführern gerne erwähnt wird – klärt mich ein ebenfalls etwa hundertjähriger Señor über die Wegvarianten Samos und San Xil auf. Nicht, dass ich die nicht schon aus meinem Wanderführer kennen würde, aber ich plaudere weiter, damit Katja ein wunderbares Foto machen kann. Plaudern mit der Landbevölkerung gehört mittlerweile zu meiner Lieblings-Disziplin. In diesem Fall eine ganz besondere Herausforderung, weil der Señor definitiv kein Spanisch gesprochen hat. Es ist allerdings erstaunlich, wie viel man auch mit Händen, Füßen, Kopfnicken und einem Lächeln sagen kann.

Etappenort Triacastela bietet drei interessante Dinge: erstens im Supermarkt Kerkeling in spanischer Übersetzung („Bueno, me largo"), zweitens eine Harley Davidson mit Pilgermuschel und drittens … Buspilger. Sie bevölkern ein Café, das wir dann lieber nicht bevölkern. In der Parallelstraße steht der Reisebus, bereit, die tapferen Wandersleute wieder einzusammeln.

Wir sehen zu, dass wir aus dem Ort herauskommen. Auf dem weiteren Weg fällt lediglich ein graugelockter Mann im roten Pulli ins Auge, der uns schließlich überholt. Wir sind heute wirklich Bummelpilger, schauen uns jeden Baum am Wegesrand von allen Seiten an, erzählen uns immer wieder, wie schön die Aussicht ist – hier fruchtbares Tal mit glucksendem Wasser – zücken die Kameras und sind sehr glücklich und zufrieden. Wann und wo wir ankommen, ist vollkommen unwichtig.

Irgendwann spazieren wir an einem interessant zwischen Weg und Abhang gebautem Steinhaus vorbei. Davor hängen Postkarten mit Aquarellen vom Weg – wir erkennen sofort das windige Pilgerdenkmal von San Roque, an dem wir gestern vorbeigekommen sind. Aus dem Haus heraus tritt der graugelockte Herr im roten Pulli. Wir sollen doch eintreten, wenn wir möchten. Er ist Engländer, lebt hier, renoviert das alte Haus und malt nebenbei die Aquarelle, die an jeder Wand hängen. London, Schottland, die Äußeren Hebriden, Florenz – all meine Lieblingsorte begegnen mi unvermittelt am Wegesrand. Während draußen ein Rennpilger vorbeieilt, meint der Maler lächelnd: Na, er hätte uns ja schon auf dem Weg überholt und dabei gesehen, dass wir uns Zeit lassen und die Dinge genießen, sonst hätte er uns gar nicht hereingebeten. Die Bilder und das, was er sagt, entsprechen ganz genau dem, was wir gerade fühlen und kurz vorher auch besprochen haben – keine Frage, worin die positive Überraschung dieses Tages besteht.

Entgegen der Vorhersage meines Wanderführers geht es mal wieder bergauf. Die Belohnung folgt in Form einer schönen Aussicht und eines Picknickplatzes an einem glucksenden Bergbach. Vorher tue ich allerdings, was ich seit Ruesta tun wollte: Ich schmeiße den Wanderführer wutentbrannt auf die Straße. Herumtrampeln tue ich dann doch nicht auf ihm, ein paar Kilometer brauche ich ihn noch, aber heute Abend werde ich neben die Streckenbeschreibung „Ist sie hier je gegangen?" kritzeln. Wäre die Autorin die Strecke nämlich gegangen, hätte sie die eine oder andere Steigung mal erwähnt.

Wir spazieren weiter durch Orte ohne Namen und ohne Menschen. Dieses Land ist leer, grün und wunderschön. Hier muht eine Kuh, dort huscht eine Katze über den Weg. Aber es ist auch unübersehbar bitterarm, so arm, wie ich es mir in West-Europa gar nicht vorstellen konnte. Den Eindruck der allgegenwärtigen Landflucht hatte ich ja bereits in der Meseta, doch Galizien ist noch einmal ein ganz anderes Kapitel.

In Calvor bittet Katja in der staatlichen Herberge darum, die Toilette aufsuchen zu dürfen. Ein großer Fehler! Die verwaltende Dame vor Ort ist gar nicht begeistert. Selbst schuld, nun ist auch Katja davon überzeugt, dass die Herberge einen Kilometer weiter in San Mamede die bessere Wahl ist.

Und das ist sie in der Tat! L-förmig zu Weg und Rasenfläche gebaut, schöne Bäder, schöner Aufenthaltsraum und ein Tigerkatzen-Baby, das sich sofort in meinen blauen Schlafsack kuschelt – ich bin zufrieden.

Die Holländer, Françoise und Bettina und Julia winken uns von ihren Liegestühlen entgegen: Die hatten uns verloren geglaubt, denn wir waren heute wirklich als Bummelpilger unterwegs und haben für die zweiundzwanzig Kilometer aus Fonfría neun Stunden gebraucht. Das Schlafmützchen taucht ebenfalls auf, ist aber nach wie vor schweigsam und unglücklich. Nachdem ich seit drei Tagen vergeblich versuche, das arme Mädchen aufzuheitern, beende ich meine Bemühungen, indem ich Schwester Katja mit ihrer Reiseapotheke auf sie ansetze.

Portomarin, 22. Juli

Ein schlechter Tag für Pilger im Allgemeinen und Katja im Besonderen. Über mich hält wieder mal der Ich-weiß-nicht-wer die schützende Hand. Doch auch ich habe heute angesichts der Tatsache, dass vor Portomarin erst ein Anstieg, dann eine lange Höhenangst-Brücke über den Stausee und schließlich, Überraschung, ein kurzer Anstieg liegt, einen Verzweiflungsanfall bekommen. Seit viereinhalb Wochen immer derselbe Scherz – vor jeder Herberge geht's bergauf. In Kombination mit grölenden Spaniern im Rücken und einer Brücke, bei deren Anblick die Höhenangst Purzelbäume vor Begeisterung schlägt, ist das wie gestern Grund genug, den verdammten Wanderführer auf die Straße zu pfeffern und dieses Mal wirklich drauf herum zu trampeln. (Obwohl mein Wanderführer ausnahmsweise nichts dafür kann, dass das Foto von Portomarin einen sonnenbeschienenen Ort mit grünen Wiesen an blauem Wasser zeigt – während die heutige Realität in jeder Beziehung grau ist. Vielleicht habe ich mich auch einfach zu sehr von den Namensteilen „Porto" und „marin" beeindrucken lassen).

Immerhin – und das ist an diesem Tag eine gute Nachricht – sind meine Ausrüstung und ich halbwegs trocken geblieben. Denn seit kurz hinter Sarría (sprich die letzten zwanzig Kilometer) regnet es in Strömen. Galizien verbreitet seit dem Morgen den Charme eines feuchten deutschen Mittelgebirges. Der Vorteil: Wir kommen zügiger voran als gestern. Der Nachteil: Permanente Sorge um nasse Rucksäcke und feuchte Stiefel, eine klatschnasse Hose (allerdings hält das Etikett „schnelltrocknend", was es verspricht), glitschige Wege, vollkommene Unmöglichkeit, auch nur einen Schritt zu genießen, ein im wahrsten Sinne des Wortes ins Wasser gefallenes Foto am Hundert-Kilometer-Stein, niedergeschlagene Laune, Befürchtung, dass es morgen so bleibt … und siebenundzwanzig Kilometer nach Portomarin können verdammt lang sein. Nebenbei ist es seit Sarría mit der Abgeschiedenheit endgültig vorbei. Hier ist der letzte Startort, um in Santiago als Pilger anerkannt zu werden, und so ziehen Karawanen von Kurzzeitpilgern mit Mini-Rucksäcken durch verregnete Mini-Dörfer ohne Namen. Verwirrenderweise hat keiner dieser Weiler ein Ortsschild, man muss entweder fragen oder sich im Café einen Stempel holen, um herauszufinden, wo man ist.

Vor uns laufen zwei Pilgerinnen, über die wir schon alles wissen, ehe wir miteinander geplaudert haben: Deutsche (das sieht man am deuter-Rucksack), erst in Sarría losspaziert (unverkennbar: kein Grauschimmer in den Klamotten, kein Bad-Hair-Day auf dem Kopf), perfekt ausgestattet (sonst wären ihre Ruckis nicht größer als meiner). Im Gespräch kommt noch „Schwestern" dazu. Unser morgendliches Cola-Doping nehmen wir gemeinsam in einer „Area de Descanso" ein: eine alte Scheune mit ein paar Tischen, einer Ecke zum Selbst-Stempeln und diversen Automaten, aus denen sich von der Cola über den Schokoriegel bis zum Wanderführer und zur Plastik-Jakobsmuschel alles Pilgernotwendige ziehen lässt. Wenn dies nicht die Pilgerautobahn ist, dann weiß ich auch nicht, wo sie verläuft.

Kurz hinter der magischen Hundert-Kilometer-Marke, genauer gesagt bei dem Unterstand an Kilometer 98,5, bei dem wir mal wieder Zuflucht vor dem zu heftigen Regen gesucht haben, sehe ich, wie Mademoiselle Françoise mitsamt ihrem Rucksack und einem anderen Pilger in ein Auto hüpft. Das geht ja wohl gar nicht! Ja, es regnet immer noch junge Hunde, und das ist ganz schön nervig, aber andererseits ist dies auch der erste nasse Wandertag seit meinem Start vor fast fünf Wochen. Kein Grund, gleich in ein Auto zu steigen!

Ich bin gespannt, ob wir Françoise wiedersehen. Jedenfalls nicht in Portomarin, wo die Herberge eng und feucht ist. Dass die Schuhe hier trocken werden, erwarte ich lieber gar nicht erst. Katjas Sachen sind im Regen komplett durchnässt worden, und parallel gibt auch ihr Handy seinen Geist endgültig auf. Es gibt weder Wäscheleine noch Aufenthaltsraum, und während Katja sich auf die Suche nach dem angeblich vorhandenen Wäschetrockner macht, verkrieche ich mich mangels anderer Alternativen in mein Bett. Dort fühle ich mich allerdings nicht mehr ganz erwünscht, nachdem das spanische Pärchen im unteren Etagenbett gegenüber hinter seiner improvisierten Wäscheleine zu kichern und zu kuscheln beginnt. Als einzige Ablenkung bleibt ein frühes Pilgermenü – habe ich je zuvor in meinem Leben vier Teller Kohlsuppe gegessen?

Eigentlich wollte ich noch meinen Schwager zum Geburtstag anrufen, aber die Vorstellung, in feuchten Klamotten im Dauerregen in einer fremden nord-spanischen Stadt eine Telefonzelle suchen zu müssen, kühlt sämtliche familiären Gefühle in mir ab.

Palas de Rei, 23. Juli

Dieser Ort befindet sich neunundsechzig Kilometer vor Santiago. Die Wahrscheinlichkeit, dass ich tatsächlich dort ankomme, steigt somit von Minute zu Minute. Selbst wenn ich morgen von einem Auto überfahren – von einem Radfahrer niedergemäht – von einer Kuh übertrampelt werden sollte, müsste man anerkennen, dass ich wirklich und wahrhaftig auf dem allerbesten Weg war, die größte körperliche und mentale Leistung meines Lebens zu vollbringen (wenn die nicht bereits in den vergangenen achthundertfünfzig Kilometern liegt).

Heute Morgen beim Aufstehen zerlege ich als Erstes mein Handy in seine Einzelteile und stelle dann fest, dass es immer noch regnet. Meine Schuhe sind selbstverständlich nicht trocken geworden. Frühstück ist ebenfalls nicht vorhanden und die Laune schon auf dem Tiefpunkt, ehe wir auch nur einen Schritt getan haben. Es tröpfelt, es weht, dann scheint die Sonne, es tröpfelt wieder. Der Weg ist, welche Überraschung nach gestern, glitschig, feucht und überfüllt. Der Gedanke, der mir dabei kommt: Dies ist nicht mehr mein Jakobsweg. Mein Jakobsweg, das ist mein wunderschöner, einsamer Camino Aragonés, das ist die morgendliche Stille, das ist der Mond, der über den Weizenfeldern der Meseta untergeht, und die Sonne, die in meinem Rücken aufgeht. Mein Jakobsweg, das ist die Via Traiana, auf der sechs Pilger einander abwechselnd überholen, das ist die Freude über jedes Wiedersehen, das ist die Herzlichkeit der Hospitaleros in Arrés, in Cirauqui, in Rabanal. Das hier, das ist kein Camino, sondern eine Pilgerautobahn, und zwar eine verdammt nasse.

Die Weiler sind weiterhin klein und namenlos, der Weg führt bergauf, die Kühe muhen. Ein paar Kilometer scheint die Sonne vom strahlendblauen Himmel, dann geht in Ligonde der heftigste aller Regenfälle herunter.

Wir überlegen entnervt, eine kurze Etappe einzulegen und in Ligonde in der laut Wanderführer „kleinen aber feinen", ganztägig geöffneten Herberge zu übernachten. Doch die Herberge ist geschlossen, der einzig verfügbare Señor weiß nicht einmal von ihrer Existenz und schickt uns einen Kilometer weiter zum nächsten Café. Hier wärmt sich gerade alles, was an Pilgern unterwegs ist, und nach einer langen Pause sind wir wieder trocken und die Regenwolken weitergezogen. Die letzten Kilometer nach Palas del Rei kriegen wir auch noch irgendwie auf die Reihe.

Der Abend in der eher durchschnittlichen Herberge endet in Gesellschaft der beiden deutschen Schwestern, mit denen wir gestern schon geplaudert hatten. Sie sind in meinem Alter, und es stellt sich heraus, dass die jüngere während der halbjährigen Vorbereitung auf die zehntägige Reise einen Bandscheibenvorfall gepflegt ignoriert hat. Der hat sich nach dem ersten Wandertag prompt wieder gemeldet. Nun hockt sie mit kaputtem Rücken und 35-Liter-Rucksack in Palas del Rei und kann sich nicht mehr von der Stelle bewegen. Ihr Gatte hat in Deutschland bereits eine Umbuchung für den Rückflug vorgenommen. Die Frage, wie man von Palas de Rei nach Santiago kommt, hat sie für sich bereits beantwortet: „Meine Schwester bringt mich am Freitag hin, fährt am Samstag zurück und kann dann weiterwandern." Ihre Schwester ist darüber sichtlich nicht glücklich, aber alle Gegenargumente – es gibt Taxis, es gibt Rucksack-Transport, eine erwachsene Mutter von drei Kindern sollte in der Lage sein, alleine zum Flughafen zu finden, und am wichtigsten: Der armen Schwester wird gerade die letzte Chance genommen, in Santiago als Pilgerin beurkundet zu werden – verhallen ungehört.

Wirklich schade, die beiden werden wir mit Sicherheit nicht wiedersehen, obwohl wir sie sehr sympathisch finden und bei anderer Lage der Dinge vorgeschlagen hätten, morgen zu viert weiterzuwandern. So ist die Geschichte ein schönes Beispiel für emotionale Erpressung und ein weiteres Argument dafür, weshalb man alleine loswandern muss. Gesellschaft findet sich, wie man sieht, immer.

An Wandertag 34 konstatiere ich abschließend:

* Es sind noch drei Tage bis Santiago
* Ich hatte noch kein Problem, eine Unterkunft zu finden
* Trotz einiger Reinfälle waren die meisten Herbergen bisher akzeptabel
* Die Isomatte schlummert nach wie vor ungenutzt in ihrem Rucksackgrab

Irgendwas habe ich wohl falsch gemacht auf meinem Camino. Oder ist das doch alles nur ein schöner Traum?

Ribadiso da Baixo, 24. Juli

Vierzig Kilometer! Vierzig! Katja muss mich ständig kneifen. Bin ich das? Tue ich das wirklich? Wie habe ich das bloß gemacht? Bin ich tatsächlich immer nur wie verlangt geradeaus gegangen? Fragen über Fragen, und ich werde sie vermutlich erst einige Kilometer nach Santiago beantworten können.

Der heutige Tag beginnt dunkel und kalt in mittlerweile vertrauter galizischer Landschaft. Grüne Hügel und Wäldchen. Kornspeicher, ausgestorbene graue Dörfer, in denen Hähne krähen und Hunde bellen. Nach zweieinhalb Stunden zügigen Voranschreitens unsere wohlverdiente Frühstückspause mit den üblichen Tostadas und einer echten Showeinlage. Während Katja und ich und ein paar andere Pilger vor dem Café „Los dos alemanes" sitzen, fährt ein Reisebus vor. Heraus steigen fünfzig Spaziergänger mit Tagesrucksäcken. Einer trägt dieses unglaublich „witzige" T-Shirt mit dem gelben Pfeil, alle haben ein Credencial in der Hand. Damit stürzen sie ins Café und lassen stempeln. Und ich frage mich: wofür? Dafür, dass sie heute Morgen den Weg vom Hoteleingang zum Bus gefunden haben? Katja kann sich gar nicht mehr einkriegen vor Lachen. Ich beschließe, ab sofort nur noch in Kirchen und Herbergen stempeln zu lassen und nicht mehr in Cafés. Sonst glauben die Credencial-Kontrolleure in Santiago noch, ich hätte eine kulinarische Rundreise durch Nordspanien gemacht. Und das kann nach all dem Weißbrot einfach nicht stimmen!

Kaum spazieren wir weiter, fängt es erneut an zu regnen. Beim Fünfzig-Kilometer-Stein schüttet es wie aus Eimern. Auch dieses Foto fällt gepflegt ins Wasser. Ein wenig Trost spenden duftende Eukalyptus-Wälder. Dann bricht die Sonne wieder durch, aber dafür geht es zweimal steil und anstrengend bergauf. Ich lenke mich ab, in dem ich in Gedanken den Brief schreibe, den ich in einigen Wochen an den Verlag meines Wanderführers schicken werde.

Nach siebenundzwanzig endlosen Kilometern kommen wir in Ribadiso an, einmal mehr in der Wunschherberge, einer der schönsten des Weges: großzügige, liebevoll restaurierte Gebäude an einem schmalen Flusslauf gelegen, Ruhe, vernünftiges Essen. Ein Pilger mit Esel und die üblichen Verdächtigen: die Holländer, Bettina und Julia, Françoise. Der Spanier, der nur Spanisch spricht und der Meinung ist, wir würden ihn verfolgen.

Dies war, zumindest bis Santiago, die letzte anstrengende Etappe. Morgen und übermorgen zweimal zwanzig Kilometer, dann Pause, dann Fisterra: Das Schlimmste ist längst überstanden – und es war gar nicht so schlimm!

Pedrouzo, 25. Juli

Irgendwas mache ich falsch. Hier eine Liste der Dinge, denen ich auf meinem Weg noch nicht begegnet bin:

* Bettwanzen und Flöhe
* überfüllte Herbergen
* Isomatten-Lager vor der Kirche
* laute Amerikaner
* ungenießbare Pilgermenüs

– und das alles einundzwanzig Kilometer vor Santiago.

Der Tag beginnt kalt und neblig. Ich sehe keine Veranlassung, mich vor sieben Uhr aus meinem Pilgerbett zu erheben. Der Großteil des Schlafsaales sieht das anders und bricht ab fünf Uhr auf, wohl um heute noch bis Santiago zu marschieren oder mindestens bis Monte do Gozo zu kommen – immerhin ist Jakobustag! Katja und ich verlassen die Herberge als letzte, frühstücken nebenan und brechen am späten Pilger-vormittag – also gegen acht Uhr – auf. Es ist nach wie vor unglaublich kalt und zu neblig, um irgendetwas von der Landschaft zu sehen. Hinter den Nebelschwaden lässt sich allerdings ein sonniger Tag erahnen. Es geht – Überraschung und Gruß an meinen Wanderführer – bis Arzúa erst einmal wieder bergauf und anschließend hinein in die vernebelte Pampa. Graue Weiler und Kornspeicher lösen einander ab. Ein motorisierter

Bäcker fährt Brote aus in Orte ohne Namen. Gute Bar in dos kilometros, erklärt uns ein alter Señor.

Tatsächlich, vor der Bar in Calle, neben Weinranken und zwischen Rucksäcken, sitzen bereits die üblichen Verdächtigen aus Frankreich, Holland und Deutschland. Im unvermeidlichen Fernseher in der Bar läuft die große Messe aus Santiago – es ist der 25. Juli! – und mir schießen die Tränen in die Augen. Rentner Rudi, Giovanni, Mary, der Sachsenpilger, Miss Canada, Michel, Anna, Ricardo … ihnen allen wünsche ich, dass sie jetzt dort in der Kathedrale die Messe erleben können, die ihnen so wichtig war – und mir wünsche ich, dass sie morgen, wenn ich ankomme, vor der Kathedrale sitzen. Zusammen mit dem stillen Polen Robert, dem spanischen Blasenmeister und meinetwegen auch Mauro und Martina.

Wir spazieren weiter, durch immer hübscher werdende Weiler, an Unmengen von Hortensien entlang, durch duftende Eukalyptus-Wälder, an Pferden, Schafen und Ziegen vorbei. Vom Nebel keine Spur mehr. Die Sonne scheint, der Weg ist zauberhaft und entschädigt für die letzten drei Tage. Die herunter zählenden Kilometersteine – jetzt alle fünfhundert Meter am Wegesrand – tun ein Übriges. Holland, Deutschland und die Städtepartnerschaft Dresden – Hamburg versammelt sich zu einer Rast an einer lauten Straße. Zwei unglaubliche Dinge geschehen: Erstens sitzen am Nebentisch die drei unsympathischen Landsleute, die ich seit Tagen erfolgreich ignoriert habe. Eine Unterhaltung ist nunmehr unumgänglich, aber aufgrund der Sitzordnung bleibt diese dann an Katja hängen, die prompt in eine Diskussion über den Camino Duro verstrickt wird – den sie unmöglich gelaufen sein kann, da sie kein GPS dabei hatte, sondern sich nur auf gelbe Pfeile verlassen hat.

Beim Aufbruch der Landsleute wundere ich mich über die monströsen Rucksäcke – warum haben sie mit diesem Gepäckberg trotzdem jeden Tag dieselben T-Shirts an? Katja, die sich in der Outdoor-Branche besser auskennt, klärt mich auf: Bei den T-Shirts handelt es sich um die teuersten auf dem ganzen Markt, extrem geruchsabweisend. Die kann man wochenlang tragen, ohne waschen zu müssen. War schon klar, nachdem wir jetzt auch wissen, dass Katja nicht nur den Camino Duro falsch gelaufen ist, sondern angeblich auch eine für den Jakobsweg ungeeignete Kamera durch die Gegend trägt …

Während wir uns noch fremdschämen, stürzen aus der Bar drei junge Spanierinnen mit locker geschulterten Ruckis hervor, marschieren über die Straße und steigen in ein wartendes Taxi, das prompt in Richtung Santiago abdreht. Was haben wir denn jetzt wieder verpasst? Und wie geht das denn? Fünfundzwanzig Kilometer vor Santiago so eine Aktion, lachend und vor zehn Paar echten Pilgeraugen? Na, das kann ja morgen was werden.

Wir spazieren weiter. Es ist nicht mehr weit bis Santa Irene und dann Pedrouzo, wo sich laut Wanderführer jeweils eine grausame Herberge befindet. Santa Irene ignorieren wir. Die staatliche Herberge in Pedrouzo ist eindeutig renoviert, steckt aber auch voller grölender Jungspanier. Laut Werbung soll es noch eine zweite Herberge geben, nagelneu. Und dort sind wir jetzt. Geräumig, großzügig, mein unteres Etagenbett steht neben dem verglasten, mit Bambus bepflanztem Atrium. Von irgendwoher kommt sanfte Entspannungsmusik. Katja und ich teilen uns eine Waschmaschine, sodass wir – in bester mittelalterlicher Tradition – morgen in sauberen Klamotten in Santiago einlaufen können. Alles ist gut. Es könnte nicht besser sein.

Mein vorläufiges Resümee meiner Pilgerreise: Ich bin unendlich dankbar für jeden Tag, insbesondere für die erste Woche in den Pyrenäen. Es ist mir unbegreiflich, wie ein einzelner Mensch mit Herbergen und Wetter so viel Glück haben kann wie ich. Eine Freundin sagte vor meiner Abreise: „Du glaubst doch nicht ernsthaft, dass du sechs Wochen durch Spanien läufst und anschließend ganz unverändert zurückkommst?" – Ob diese Wochen mich verändert haben, werde ich erst in ein paar Monaten beurteilen können. JETZT kann ich aber schon sagen: Die Tatsache, dass ich es bis (zwanzig Kilometer vor) Santiago geschafft habe, ohne größere Schwierigkeiten, ohne je auch nur einen einzigen Gedanken an Aufgeben zu verschwenden, dass ich diesen Erfolg meiner eigenen Organisation, meiner Planung (und meiner Bereitschaft zur Planänderung) und nicht zuletzt meiner Willenskraft verdanke, lässt mich doch staunen. Es war wohl kein Zufall, dass ich vor etwas über zwei Wochen in Villálcazar de la Sirga im Traum auf eine Gastbeschwerde im Hotel „Stop shouting at me, I walked the Camino" geantwortet habe.

„Mein" Camino teilt sich in vier Phasen, die immer auch mit der Landschaft korrespondieren, die ich durchwandert habe. Die ersten zehn Tage von Oloron bis Cirauqui waren ohne den geringsten Zweifel die schönste, aufregendste Zeit. Die unbekannte Bergwelt der Pyrenäen, die Erkenntnis „Ich kann's, es funktioniert", die Kameradschaft mit den Schweden-Schwestern und den Spaniern, das war ein Auftakt, wie ich ihn mir nicht besser hätte wünschen können. Dazu die Natur, die Berge mit ihren Schneefeldern, die Schmetterlingspfade, die Abende in Arrés, Ruesta und Izco – ich war zehn Tage lang einfach nur glücklich – glücklich – glücklich.

Die zweite Phase: Zwischen Cirauqui und Burgos verlor die Landschaft dann und wann an Reiz, dafür lernte ich neue und mehr Pilger kennen. Es waren die Tage des Sachsenpilgers, von Larry aus Québec und den Schweden Silja und Pierre. Das Pilgern wurde Normalität, immer noch war jeder Tag aufregend und voller Überraschungen, aber der Überschwang des Camino Aragonés wich einer gewissen Routine. Im windigen Burgos und in der Meseta begann die dritte Phase, und die langweiligen Weizenfelder entsprachen sehr bald meiner Stimmung. Wandern in Gesellschaft war nett – nur war es nicht die richtige Gesellschaft. Das teilten mir nicht nur mein Bauchgefühl, sondern auch meine Schulter, mein linker Fuß und meine einzige Blase bald mit. Je mehr ich das spürte, desto schlechter wurde meine Laune, und desto mehr ödeten mich die Weizenfelder an. Calzadilla de la Cueza war sicherlich der Tiefpunkt meines Pilgerdaseins. Obwohl ich anschließend das Alleinpilgern genoss, verließen mich in den nächsten Tagen weder die schlechte Laune noch die Schmerzen im linken Fuß.

Die vierte Phase begann in León, als die Meseta mitsamt ihren Weizenfeldern hinter mir lag und mein Restverstand mir sagte, dass es nicht ausreicht, darauf zu warten, dass eine Situation sich ändert. Wenn ich Pilger-Gesellschaft wünschte, musste ich mich selbst darum kümmern. Die Gesellschaft erschien in Form von Krankenschwester Katja und heilte meinen Fuß (oder war es doch der Bergkristall?). Seit León ist die Landschaft wieder voller Abwechslung und die Laune gut.

Die positive Überraschung des Tages zum Schluss: Wer spazierte vorhin, als wir beim Abendessen saßen, mit Françoise die Straße entlang? Nachtgespenst Ricardo. Hat zwar immer noch Angst vor mir, aber dafür ist zumindest einer der Verschollenen des Weges wieder aufgetaucht.

Bis morgen dann. In Santiago de Compostela.

Santiago de Compostela, 26. Juli

Ja, so ist es: Santiago de Compostela.

Neunhundertachtzehn Kilometer. Siebenunddreißig Wandertage. Vierundzwanzig Komma acht Kilometer pro Tag. Berit Janssen, die Nulpe aus dem Sportunterricht, die mit dem Bundesjugendspiel-Trauma, das fleischgewordene Grauen eines jeden Sportlehrers: Ich hab's geschafft. Und es war, rückblickend betrachtet, gar nicht mal so schwer. Ganz egal, wie viel Glück dabei war. Glück kann man ja nicht einplanen.

Der heutige Tag beginnt mal wieder mit einem frühen Weckruf, denn das Tagesziel heißt nicht nur Santiago – sondern auch Santiago vor zwölf Uhr, pünktlich zur Pilgermesse. Wir spazieren um halb sieben auf dem Waldweg hinter der Herberge los. Es ist stockfinster, und nicht nur das: Es ist auch supervoll. Pilger allerorten, und Katja eilt los, als ob es in Santiago außer einer Urkunde noch etwas zu gewinnen gäbe. Pilger hinter Pilger rennt bei Stirnlampenlicht durch den dunklen Wald, ein ziemlich absurdes Bild, das mich innerlich singen lässt: „Die Pilger rasen durch den Wald, der eine macht den andren kalt, die ganze Pilgerbande brüllt: Wo ist Santiago, wo ist Santiago, wer hat Santiago gekla-a-aut?"

Offensichtlich bin ich ausgerechnet heute mal wieder weniger religiös aufgelegt. Und aus welchen schwarzen Löchern sind diese Pilger bloß alle hervorgekrochen? Nach anderthalb Stunden passieren wir bei bedecktem Himmel die riesigen Lichtanlagen des Flughafens

Lavacolla. „Fehlt nur noch ein Flugzeug", sage ich, und in diesem Augenblick bricht Ryanair im Landeanflug aus den Wolken hervor – so tief, dass ich für eine Sekunde glaube, meine Reise endet elf Kilometer vor dem Ziel mit einem rasierten Kopf. In dem kleinen Café, in dem wir unsere letzte Frühstückspause machen, trägt der Stempel bereits Postleitzahl und Namen von Santiago de Compostela. Der Verkehr auf der Pilgerautobahn nimmt zu. Jeder grüßt jeden, nur ein paar Schmalspur-Pilger mit Tagesrucksäcken schleichen wortlos an uns vorbei.

Wir spazieren mal wieder bergauf, die Umgebung ist nach wie vor ländlich, der Himmel bedeckt. Wir passieren die Fernsehstation und den zu Monte do Gozo gehörenden Ort. In der Kapelle am Papst-Denkmal von Monte do Gozo gibt's den letzten Stempel, den Blick auf die Kathedrale gibt es nicht. In früheren Zeiten war derjenige Pilgerkönig, der die Kathedrale von hier aus als Erster erblickte – heute sieht man nur Dunst und graue Wolken, und ich muss mich allmählich mit dem Szenario anfreunden, das ich mir in all den Wochen nie vorgestellt habe: dass ich tatsächlich bei irgendetwas anderem als strahlenden Sonnenschein in Santiago ankommen könnte.

Am Monte do Gozo beginnen unwiderruflich die letzten fünf Kilometer des Weges. Die Straße führt – wer hätte das gedacht! – endlich einmal bergab. Und plötzlich gehen wir sehr langsam und vorsichtig. Jede Minute Jakobsweg zählt doppelt, und jeder Kantstein, jede Kreuzung birgt ein potenzielles letztes Risiko. Nie in meinem Leben habe ich so sorgfältig auf den Straßenverkehr geachtet wie an diesem Vormittag! Schließlich überqueren wir eine Autobahnbrücke, und dort, rechts der Brücke, steht dann tatsächlich und endlich das offizielle Ortsschild: Santiago de Compostela. Und weil es ja wirklich nicht sein kann, dass ich bei irgendetwas anderem als strahlendem Sonnenschein in Santiago ankomme, bricht die Wolkendecke auf und verwandelt sich in den vertrauten strahlendblauen Himmel.

Wie in den allen großen Städten zieht sich die Strecke in die Innenstadt endlos dahin. Aber anders als in Burgos und León halten wir nicht nach unserer Herberge, einem freien Bett und einer Dusche Ausschau, sondern nach unserem großen Ziel, der Kathedrale. Die sich weiterhin gut im Häusermeer von Santiago verbirgt. Wir biegen von der Einfallstraße in die verwinkelten Gassen der Altstadt ab, hinter jeder Ecke könnte sie jetzt auftauchen, die Kathedrale, unsere Kathedrale, kaum zu glauben, fünf Wochen lang bin ich diesem Augenblick entgegen marschiert, und jetzt ist er wirklich da, zum Greifen nah. Zuerst nur ein verspielter Turm, der sich über kopfsteingepflasterten Gassen erhebt. Die Dichte von Souvenirgeschäften und anderen Touristenfallen nimmt zu, die Straße öffnet sich auf einen Platz, und linkerhand liegt sie: die Kathedrale von Santiago de Compostela. Ein barocker Gebäudekomplex mit Säulenvorsprüngen, Mäuerchen und Ziergiebeln, für dessen architektonische Feinheiten ich im Moment nicht die nötige Aufmerksamkeit mitbringe. Es ist fünf vor zwölf, wir schlüpfen eben noch durch das Nordportal hinein, ehe die Türen hinter uns zur Messe geschlossen werden.

Da wären wir also. In einer überfüllten, von tausend Stimmen summenden Kirche mit dem riesigsten Goldaltar, den ich je gesehen habe. Ein Ordner bedeutet uns, dass wir uns mit unseren Rucksäcken vorsehen sollen. Katja sinkt gegen eine Säule und murmelt etwas von „Kreislauf". Einer der vielen Priester vorne an dem Goldaltar murmelt etwas von Pilgergesellschaften in sein Mikrofon, Ehrengäste, die bei diesem Gottesdienst in der ersten Reihe sitzen dürfen.

Pilgergesellschaften? Ehrengäste? Diese frisch-gebügelten Menschen sehen nicht so aus, als ob sie die letzten fünf Wochen im Allgemeinen und heute Morgen im Besonderen seit halb sieben durch die Gegend getippelt sind, um bei diesem Gottesdienst dabei sein zu können – und mit einem Platz auf dem Fußboden belohnt zu werden. Einen roten Teppich hatte ich ja nicht erwartet, aber dass mir hier zur Begrüßung eine Buspilgerschar als Ehrengäste verkauft wird ... was für ein Witz!

Katja kämpft immer noch mit ihrem Kreislauf, und ein anderer Priester rattert in maschinengewehrartigem Tempo die Liste der gestern eingetroffenen Pilger herunter, die endlos ist, da ja gestern Jakobstag war. Immerhin wird zum Abschluss des Gottesdienstes der Botafumeiro geschwenkt, das riesige Weihrauchgefäß, das nur bei besonderen Anlässen zum Einsatz kommt. Recht so, denke ich, denn wenn MEINE Ankunft in

Santiago de Compostela kein besonderer Anlass ist, dann weiß ich nicht, was es sonst sein könnte. Der Botafumeiro pendelt über unseren Köpfen und den hochgereckten Händen mit den Digitalkameras, die dieses seltene Ereignis festhalten.

Nach der Messe strömt eine galizische Trachtengruppe in die Kathedrale. Das ist nicht nur hübsch anzuschauen – schwarz, weiß und rot sind die vorherrschenden Farben – sondern auch sehr putzig, weil der minutenlange Einzug vom galizischen Fernsehen gefilmt wird und die Kamera genau auf das Portal draufhält, aus dem ich nicht rauskomme, weil die Trachtengruppe reinkommt. Das galizische Abendprogramm an diesem Tag muss spannend gewesen sein – heimische Trachtengruppe mit Original-Pilgerin.

Katjas Kreislauf hat sich erholt. Nachdem der letzte Trachtengruppler seinen Platz gefunden hat, treten wir hinaus in den hellen Sonnenschein auf der Praza do Obradoiro, dem großen Vorplatz vor der Kathedrale, wo Touristen flanieren, Mönche herumlaufen und eine Oldtimer-Ausstellung stattfindet. Ich erinnere mich an Pilgervater Kerkelings Aussage, jeder bekäme den Empfang in Santiago, den er verdient, und komme zu dem Schluss: Botafumeiro, Trachtengruppe und Oldtimer – da kann ich nicht klagen. Dass ich mich zuerst einmal wieder über Buspilger und die katholische Kirche aufregen musste, passt ins Gesamtbild.

Mehr als Trachtengruppen und Oldtimer interessiert uns allerdings jetzt das Pilgerbüro auf der anderen Seite der Kathedrale, der Ort, wo wir die Compostela erhalten werden, jenes magische Papier, das uns von allen Sünden freispricht (also auch von der, ständig herablassende Gedanken über Buspilger zu hegen und mit der katholischen Kirche zu hadern) und Nachweis unserer langen Wanderung ist. In meinem Fall denke ich schon seit Tagen: Dieses Blatt Papier wird mir all jene Urkunden ersetzen, die ich bei den Bundesjugendspielen nie bekommen habe.

Der Sage nach erfolgt im Pilgerbüro eine strenge Überprüfung der Stempel im Credencial inklusive inquisitorischer Fragen wie „Haben Sie an einer Stelle den Bus, die Bahn oder ein anderes Verkehrsmittel genutzt?" und natürlich der größten Fangfrage von allen: „Aus welchen Gründen sind Sie gepilgert?" Zwei junge Deutsche vor uns haben „sportlich" angekreuzt und werden für ihre Ehrlichkeit nicht mit der Compostela, sondern mit einem Begrüßungsschreiben des Bischofs von Santiago belohnt, der sich herzlich für den Besuch bedankt. Der Dank ist einseitig, die beiden Jungs sind wütend und enttäuscht, aber die Pilgerkontrolleure bleiben unerbittlich. Habe ich da eben noch was von Bundesjugendspielen gedacht?

Mag sein, dass ich mir mit dieser Wanderung in erster Linie selbst etwas beweisen wollte. Allerdings ist es mir ein Rätsel, wie man diesen Weg laufen kann, ohne sich früher oder später sehr intensiv mit religiösen Fragen auseinanderzusetzen. Und ganz egal, ob ich nun wirklich glaube, dass in dem silbernen Schrein unter dem Altar der Kathedrale die zweitausend Jahre alten Gebeine Santiagos ruhen und dass ein Blatt Papier einen besseren Menschen aus mir macht – oder ob ich weiter denke „Die spinnen, die Katholiken": Der religiöse Aspekt war immer wieder Inhalt von Gesprächen und Gedanken, und deshalb kann ich auf die Frage nach dem Grund für meine Pilgerreise mit bestem Gewissen „Religiös und kulturell" antworten. Der nette Pilgerkontrolleur, der ausgezeichnet Deutsch spricht, wirft einen Blick auf mein Credencial, einen weiteren auf meinen Rucksack, mein Stöckchen und meine staubige Gestalt, verkneift sich daraufhin die Frage nach Bus- oder Bahnnutzung und bemerkt stattdessen: „Berit. Habe ich noch nie gehört. Wo kommt denn der Name her?"

„Aus Skandinavien", erkläre ich arglos.

„Und von welcher Heiligen?" Oh je. Habe ich gerade über religiöse Aspekte philosophiert? Ich fürchte, das Letzte, was meine Eltern bei meiner Namensgebung im Sinn hatten, war irgendeine Heilige. Aber man ist ja gut informiert. „Das ist eine kurze Form von Brigitte", erläutere ich.

„Ah", sagt der Señor erfreut. „Die heilige Brigída von Schweden." – und ehe ich widersprechen kann, wird meine lateinische Compostela auf Dominam Brigidam ausgestellt. Naja. Eitelkeit war ja das Letzte, was ich auf dieser Reise gebrauchen konnte, das habe ich ja schon sehr früh gemerkt, und so werde ich auch mit einem entstellten Namen auf der Compostela glücklich sein.

Als die frisch anerkannten Pilgerinnen Domina Catharina und Domina Brigida das Büro verlassen, marschiert die Trachtengruppe gerade aus der Kathedrale heraus. Auf dem Vorplatz vor dem Südportal nimmt sie mit Trommeln und, jawohl, Dudelsäcken Aufstellung. Die Frauen fordern die Zuschauer zum Tanzen auf, die Sonne strahlt, die Stimmung ist grandios – jeder bekommt den Empfang, den er verdient? Halleluja!

Was noch fehlt, ist ein Schlafplatz. Heute mach' ich's wahr, heute hält mich keine Pilger-Amnesie davon ab: Ich werde NICHT in einer Herberge schlafen. Ich werde in einem sauberen Pensionszimmer nächtigen, mit frischer Bettwäsche und eigenem Badezimmer. Maximal Etagenbad. Nichts anderes habe ich mir verdient!

Nach einigem Suchen ist das gewünschte Zimmer gefunden, nur ein paar Schritte von der Kathedrale entfernt in der Pension Girasol, zu Deutsch Sonnen-blume – ein wunderbarer Name. Katja und ich teilen uns ein Doppelzimmer, bestaunen die Kopfkissen, graben unsere Gesichter in die Handtücher, halten feierlich die Zahnputzbecher ins Licht. Wenn das kein Luxus ist! Nachdem wir jeder eine Duschparty gefeiert, die Haare getrocknet, die Wäsche gewaschen und nochmal und nochmal unsere Compostelas begutachtet haben, geht's zur Abendmesse in die Kathedrale, wo wir unvermeidlich über Pilgerbekanntschaften stolpern und dann in netter Runde in der Altstadt essen gehen.

Santiago de Compostela, 27. Juli

Schlafen. Das Gebot des Morgens: schlafen.

Schlafen, ungestört und in frischen weißen Laken: schlafen.

Katja und ich stehen gerade noch rechtzeitig auf, um am köstlichen Pensionsfrühstück teilzunehmen Danach laufen wir die paar Schritte zur Kathedrale hinüber. Um zwölf Uhr ist „unsere" Pilgermesse, da werden wir ganz sicher nicht wie gestern zwischen Säulen auf dem Fußboden hocken. Frühes Kommen sichert gute Plätze, und die finden wir tatsächlich im Mittelschiff mit bestem Blick auf den Altar. Der Botafumeiro ist heute nicht in Sicht, dafür stehen wieder diverse Gottesmänner inklusive dem Bischof himself am Altar herum. Die Liste der angekommenen Pilger wird einmal mehr im Maschinengewehrtempo herunter gerattert, und falls „una alemana desde Francia" dabei ist, verpasse ich sie. Ist mir auch egal, denn mittlerweile habe ich am Altar etwas entdeckt, das viel aufregender ist als ein genervter Priester, der Pilgerstatistiken verliest.

Im ersten Moment denke ich, dass meine Augen mir einen Streich spielen. Aber warum sollten sie das tun? Sie sind sehr zuverlässig, meine Augen. Und sie zeigen mir ganz klar, dass da vorne unter der Vielzahl der Priester am Goldaltar auch zwei Mönche in schwarzen Kutten stehen. Ich stoße Katja an, mache sie auf die beiden aufmerksam, und nach einem erstaunten Blick stimmt sie mir zu: Das sind zwei von den Mönchen aus Rabanal, dem wunderbaren Ort mit den wunderbaren englischen Landlord-Hospitalero. Klar erkenne ich die Mönche wieder, keine zwei Meter von mir entfernt haben die in der Messe in Rabanal ihre gregorianischen Gesänge angestimmt! Aber was haben denn ausgerechnet diese beiden in „unserer" Pilgermesse in Santiago verloren?

Kaum ist die Messe vorbei, springt Katja hoch, bahnt sich einen Weg durch die Menschenmenge, stürmt den sich entfernenden Priestern in die Sakristei hinterher, ignoriert sämtliche Eintritt-Verboten-Schilder ebenso wie die bösen Blicke eines Kirchendieners und bekommt einen der Mönche wahrhaftig noch an der Kutte zu fassen. Und es stellt sich heraus: Die Mönche von Rabanal sind Austausch-Mönche aus einem bayrischen Kloster. Bevor sie nach Bayern zurückkehren, verbringen sie noch einen Tag in Santiago und dürfen dort in der Messe ministrieren. Wir freuen uns, dass das gerade zu „unserer" Messe der Fall war, und die Mönche freuen sich, dass wir Rabanal als einen so besonderen Ort empfunden haben. – Worin die positive Überraschung dieses Tages besteht, wäre damit dann auch geklärt.

Anschließend gabeln wir am Südportal unsere Co-Pilger aus Holland und Deutschland auf und führen die in den letzten Tagen reichlich geübte Tradition der Cafébesuche fort.

Bergkristall-Wolfgang spaziert vorüber und gesellt sich dazu, auch Mittelalter-Sonja, die ich zuletzt vor fünf Wochen auf dem Camino Aragonés gesehen habe, steht plötzlich vor uns. Mittelalter-Sonja hat eine weitere Sonja im Schlepptau, Luxus-Sonja, die tatsächlich so viel Angst vor den Herbergen hatte, dass sie sich die gesamte Wanderung vom Reisebüro hat organisieren lassen, inklusive Hotels oder Pensionen. Lehrerin Bettina bringt den gesamten Wahnsinn des Unternehmens „Jakobsweg" auf den Punkt, indem sie erklärt: „Früher habe ich immer den Kopf geschüttelt über Leute, die nach Spanien mit dem Auto in Urlaub fahren. Und was habe ich jetzt gemacht? Ich bin die ganze Strecke zu FUSS GEGANGEN!"

Bevor wir auseinandergehen, verabreden wir uns alle zum Abendessen. Katja will shoppen und schlafen, und ich muss dringend dem nächsten Internet-Café einen Besuch abstatten, denn eine Sache fehlt mir noch: mein Rückflug. Die absurde Streckenführung lautet Santiago – Palma de Mallorca – Hamburg und ist die schnellste Variante, um nach Hause zu kommen. Anschließend will ich noch einen Emailbericht über die letzten Tage verschicken, aber gerade, als ich mit meiner detaillierten Schilderung fertig bin, hängt sich mein PC auf. So muss sich die Hamburger Gemeinde mit der Information „Ich bin da, und mehr Details gibt's später" zufriedengeben.

Auf dem Rückweg zur Sonnenblumen-Pension wird von der Treppe am Südportal mein Name gerufen – da sitzt tatsächlich Karina, der überlebende Teil des deutschen Schwesternpaares, neben ihrem Rucksack und hält ihr Gesicht in die Abendsonne. Ja, wie geplant hat sie ihre Schwester am Freitag in Santiago abgeliefert, ist dann zurückgefahren, weitergelaufen und heute in Santiago angekommen. Die Compostela hat sie bekommen, obwohl ihr zwei Etappen fehlen, der Credencial-Kontrolleur war nicht sehr aufmerksam. Richtig freuen kann sie sich nicht über das Papier, denn zu der Enttäuschung über den verpatzten Jakobsweg gesellt sich der zunehmende Ärger über das egoistische Verhalten ihrer Schwester. Und dann erzählt sie mir ihre Familiengeschichte, die sehr traurig ist. Der gemeinsame Jakobsweg sollte auch das schwesterliche Verhältnis heilen, und das ist jetzt gründlich schief gegangen. Gänzlich entmutigt ist sie aber nicht, sie will den Weg auf jeden Fall noch einmal laufen. Alleine – dass man alleine losziehen muss, hat sie aus der Geschichte gelernt. Ich frage sie, ob sie sich unserer Abendessen-Runde anschließen möchte, aber sie ist bereits anderweitig verabredet.

Zwei Stunden später bestellen wir ein letztes gemeinsames Pilgermenü: Die fröhlichen Holländer, Mutter Bettina und Tochter Julia, Katja, die Luxus-Sonja, die wir irgendwo aufgegabelt haben, und ich, und irgendwann steckt Karina die Nase zur Restauranttür hinein, die auf der Suche nach ihrer abendlichen Verabredung bereits diverse Restaurants abgeklappert hat. Da sie nun anstelle der Verabredung uns gefunden hat, nimmt sie auch an unserer Tafelrunde Platz. Es wird ein fröhlicher Abend mit einem eigenartigen Abschied. Tagelang sind wir nun miteinander oder hintereinanderher gelaufen, haben uns anfangs mal gegrüßt, beim Vormittagsdoping im Café wieder-getroffen, in der Herberge über vertraute Gesichter gefreut, den Nachmittagskaffee am gemeinsamen Tisch und das abendliche Pilgermenü zusammen eingenommen, immer in der Gewissheit, dass wir uns irgendwann und irgendwo auf jeden Fall mal wieder über den Weg laufen. Die Holländer wollen noch ein paar Tage in Santiago genießen, Julia und Bettina sind der nachvollziehbaren Ansicht, dass sie mit ihrer Wanderung von der Haustür weg genug getan haben und die letzten hundert Kilometer nach Fisterra durchaus mit dem Bus zurücklegen dürfen. Luxus-Sonja kehrt morgen nach Deutschland zurück, und Karina ebenfalls. Ab morgen laufen dann nur noch Katja und ich.

Vilaserio, 28. Juli

Gestärkt durch das exzellente Frühstück in der Sonnenblumen-Pension sowie durch zwei Nächte im Zweier-Schlafsaal mit eigenem Bad brechen wir gegen zehn Uhr auf. Das Tagesziel heißt Negreira und liegt schlichte zweiundzwanzig Kilometer entfernt, also kein Grund zu Hektik und Hetze. Galizien zeigt uns unter strahlendblauem Himmel mal wieder sein Märchenland-Potential. Der Weg führt durch Eukalyptus-Wälder und gepflegte Dörfer, in den Gärten wachsen nicht nur Hortensien und Dahlien, sondern auch Wein und Kiwis. Auf einer uralten Brücke überqueren wir einen Fluss, an dessen Ufer sich ein veritables mittelalterliches Anwesen inklusive Zinnenkranz und Wassermühlen befindet. Wo sind wir hier bloß? Wo ist die verzauberte Prinzessin? Und warum ist dieses Land aus touristischer Sicht ein weißer Fleck auf der europäischen Landkarte?

In Negreira decken wir uns im Supermarkt ausgiebig mit Vorräten ein, denn die Herberge liegt etwas außerhalb auf einer Anhöhe, da wollen wir heute nicht nochmal rauf und runter marschieren. Aber die Herberge ist auch … completo, wie uns das Schild am Eingang mitteilt. Was? Wie? Das ist mir ja noch nie passiert, außer in Sanguesa, und das ist fünf Wochen her. Da es sich um eine staatlich-galizische Herberge handelt, ist man hier besonders streng und lässt kein Matratzenlager zu. Wer zu spät kommt, darf nicht auf dem Fußboden schlafen, sondern zwölf Kilometer weiterlaufen nach Vilaserio oder sich in einer der lächerlich teuren Pensionen einmieten.

Katja und ich beratschlagen, während wir unsere frisch gekauften Vorräte verzehren. Es ist kurz nach fünf, die Sonne scheint weiterhin, allerdings angenehm abendmild. Zwölf Kilometer sind kein Pappenstiel, und die Herberge in Vilaserio ist laut meinem Wanderführer „eher eine Notunterkunft". Aber wenn wir heute weiterlaufen, haben wir morgen eine erfrischend kurze Etappe vor uns.

Kurz hinter Negreira gabeln wir Timo auf, einen jungen Pädagogik-Studenten aus Leipzig, der mehrere Jahre bei der Bundeswehr war und uns im Stechschritt über Waldwege, Maisfelder und Anhöhen nach Vilaserio jagt. Die gefühlte Wanderzeit verkürzt er zusätzlich, indem er uns ausführlich an seiner Weltsicht teilhaben lässt. Jedenfalls erfahren wir sehr schnell, dass er Religion doof, den ganzen Kirchenkram überflüssig und Priester total bescheuert findet – Ansichten, die nur noch von der vollkommenen Unwissenheit übertroffen werden, mit der sie vorgetragen werden: „Ihr seid gar nicht katholisch? Ist evangelisch was anderes?"

Das Häuschen, das in Vilaserio am Wegesrand auftaucht, ist eine leer stehende Schule mit acht Turnmatten und ein paar Wolldecken. Waschgelegenheit oder Küche gibt es nicht, Dusche und Toilette sind defekt, und die Hälfte der Turnmatten sowie ein Großteil der Wolldecken wird von einer spanischen Señorina okkupiert, die offensichtlich als Vorhut von einer größeren Pilger-gesellschaft vorausgeschickt wurde. Ist möglicherweise der Moment für den Einsatz meiner Isomatte gekommen? Fast. Ich leihe sie Timo und teile mir selbst mit einem Deutschen und einer Italienerin zwei quergelegte Turnmatten. Dann packe ich noch meine in bald sechs Wochen gesammelten Spanischkenntnisse aus und frage die Señorina, ob sie es nicht angesichts der Umstände für angemessen hält, uns die Hälfte ihrer gebunkerten Wolldecken abzugeben. Kann man denn dreißig Kilometer hinter Santiago schon wieder so ignorant in Sachen Teilen und Pilgeretikette sein?

Der Rest der Pilgercrew zieht zur Bar am Ortseingang ab, um sich mit einem Schlummertrunk für die kommende Nacht zu wappnen. Mir ist mehr nach Schreiben als nach Gesellschaft, und so bleibe ich bei unserem

Turnmatten-Lager und empfange im Viertelstunden-Takt den Besuch der Dame aus dem Haus gegenüber. Die Dame nennt sich „Hospitalera" und taucht immer wieder auf, um sich zu erkundigen, wann los chicos zurückkämen. Es geht ihr, wie mir bald klar wird, nicht um den schönen Stempel, den sie in die Credencials drückt, sondern um die Spende, nach der sie auch mich sehr hartnäckig fragt. Ich wüsste nur zu gern, für was ich spenden sollte. Dafür, dass ich mir mit zwei wildfremden Co-Pilgern in einem kalten Haus ohne Küche, ohne funktionierende Dusche, ohne Waschgelegenheit, aber mit defekter Toilette zwei Turnmatten teilen werde?

Natürlich ist mir klar, dass sich die Situation in Vilaserio nicht verbessern wird, wenn ich NICHTS spende. Aber die unfreundliche Hartnäckigkeit, mit der die Señora die Hand aufhält, weckt irgendwann den Verdacht in mir, dass das Geld nie diesem Haus zugutekommen wird.

Olveiroa, 29. Juli

Die Wanderung nach Fisterra ist definitiv ein würdiger Abschluss, insbesondere für Langzeit-Wanderer, aber … wenn ich vorher etwas besser nachgedacht hätte, wäre ich die Sache anders angegangen. Die von der Herbergen-Situation her vorgegebene Etappenführung ist anstrengend bis schwachsinnig, grundsätzlich sollte man eher vier als drei Wandertage einplanen.

Da das Unheil schon mit der viel zu kleinen Herberge in Negreira beginnt, sollte man sich neben vier Etappen noch den Luxus gönnen, in Pensionen zu übernachten. Viele gibt es davon nicht in dieser Gegend, aber bei bestimmten Wetterverhältnissen ist das einfach die schlauere Alternative. So erlebe ich momentan quasi in letzter Sekunde, wovon ich den ganzen Weg über verschont geblieben bin: gestern Not-Unterkunft in Vilaserio, heute Regen und Alle-Klamotten-Anziehen-Kälte in Olveiroa, inklusive Bett in ungeheiztem Steinhaus, exklusive trockener Wäsche. Meine Füße rebellieren auf jede nur mögliche Weise gegen den gestrigen Gewaltmarsch, und meine Beine haben auch keine Lust mehr. Wie ich morgen die zweiunddreißig Kilometer nach Fisterra laufen soll, ist mir ein Rätsel.

Humoristischer Höhepunkt des Tages: Das Vormittagsdoping in irgendeinem Café an irgendeiner Landstraße, bei dem Timos Handy klingelt. Es ist seine aufgeregte Leipziger Mitbewohnerin Mandy, die ein paar Tage nach ihm aufgebrochen und nun in Santiago eingetroffen ist. Sie befindet sich gerade im Pilgerbüro und ist kurz vorm Hyperventilieren, weil der freundliche Pilgerkontrolleur ihr anstelle der Compostela das herzliche Begrüßungsschreiben des Bischofs von Santiago ausgehändigt hat, das all jene bekommen, die „sportlich" als ihren Beweggrund zur Pilgerwanderung angeben. Dabei wollte sie ja nur ehrlich sein, denn von der Kirche „und dem ganzen Mist" hält sie genau so viel, wie Timo uns gestern bei unserer Abendwanderung auseinander gesetzt hat: gar nichts.

Mein freundlicher Einwand, dass es ihnen dann ja wurscht sein kann, ob sie die Compostela, das Begrüßungsschreiben oder ein leeres Blatt Papier bekommt, wird abgeschmettert: Ganz im Gegenteil, dem blöden Bischof müsse es wurscht sein, wem er die Compostela in die Hand drücken lässt – wo es doch eh nichts weiter ist als ein Blatt Papier. Herr, lass Hirn regnen!

„Dieses Blatt Papier ist für viele Katholiken äußerst wertvoll", erkläre ich. „Und egal was du von dem religiösen Hintergrund hältst, das solltest du respektieren." – Wie kann man nach fünf Wochen Jakobsweg immer noch so ignorant sein? Am liebsten würde ich sagen: Rücke auf Los vor, ziehen nicht zweitausend Mark ein, und beginne deine Wanderung von vorn. Katja löst die Diskussion auf, indem sie erklärt, das sei zweifellos eine Frage des Alters. In fünf Jahren würde ich mich nicht mehr über Timo aufregen, und in zehn Jahren würde Timo sich nicht mehr über den Bischof aufregen.

Fisterra, 30. Juli

Einmal mehr perfektes Timing! Der Tag beginnt bei Kälte und Dunkelheit mit einer humoristischen Einlage in der Küche von Olveiroa. Während wir Tee kochen und packen, stellt sich heraus, dass Katjas Rucksack über Nacht einen Untermieter aufgenommen hat: Ein kleiner Frosch hüpft ihr entgegen.

Die Atlantik-Etappe legen wir bei strahlendblauem Himmel zurück. Es geht wieder mal fröhlich bergab und bergauf, morgens durchqueren wir eisige Nebelfelder, die die Nebel von Avalon nachvollziehbar machen und sich dann binnen Minuten in Nichts auflösen.

Irgendwann biegen wir um die Ecke, und da liegt er: der Atlantik. Nach fast tausend Kilometer Bergen und Weizenfelder endlich das Meer. Hunde bellen, Kätzchen balgen sich, und die Pilger-Frequenz ist wieder niedrig – erinnert alles sehr an die Pyrenäen. Einziger Nachteil: Da ich mir in Olveiroa ja unbedingt die Haare waschen musste – im strömenden Regen – bin ich jetzt ordentlich verschnupft. Kulinarischer Höhepunkt der Wanderung: Die letzte Pause in Estorde, wo wir uns in dem schicken Restaurant am Strand ein letztes Cola-Doping und die teuerste Santiago-Torte des Weges gönnen. Aber wenn ich irgendwas kurz vor Kilometer Tausend verdient habe, dann ist es ein Stück Kuchen.

An der Playa de Langosteira kurz vor Fisterra ist es so weit. Wir werfen die Schuhe ab (Füße befreien, sagt Katja) und laufen die letzten beiden Kilometer barfuß in der Brandung, Muschelsuchen inklusive. Was für ein Glück, nach sechs Wochen zwischen Bergen und Feldern die Füße in den Ozean zu tauchen!

In der Herberge ergattern wir die zwei letzten freien Betten. Der Sonnenuntergang am Leuchtturm fällt wegen Erschöpfung aus: Ich nicke schon beim Abendessen ein.

Fisterra, 31. Juli

So schön das Wetter gestern war, so typisch norddeutsch bedeckt und kühl zeigt Fisterra sich heute.

Die erste Aufgabe des Tages lautet: Ein Pensionszimmer für mich finden, bevor ich morgen zur aller-allerletzten offiziellen und in meinem Wanderführer beschriebenen Etappe nach Muxia aufbreche. Katja wird bereits heute Nachmittag nach Santiago zurückfahren, aber vorher haben wir noch einiges zu erledigen. Das Pensionszimmer findet sich mit Hilfe der Mittelalter-Sonja, über die wir beim Frühstück am Hafen stolpern. Sie ist selbst in einem Privatzimmer untergekommen und weiß, dass die Nachbarin, eine ältere Dame, ebenfalls Zimmer zu vergeben hat. So lande ich für fröhliche fünfzehn Euro in einem mit alten Möbeln und großem Bett ausgestattetem Zimmer, Badezimmernutzung und frische Handtücher inklusive.

Nachdem das geklärt ist, brechen wir auf zum Kap. Dieses liegt mitsamt einem Leuchtturm etwa drei Kilometer außerhalb des Ortes auf einer dem Meer entgegengestreckten Felsnase. Die Pilgertradition will es, dass wir dort die symbolische Verbrennung eines

Kleidungsstückes vornehmen, was in meinem Fall ausfällt, weil ich dann nichts mehr anzuziehen hätte. Katja will allerdings ihr Wander-T-Shirt opfern. Es gibt eine offizielle Verbrennungsstelle und viele inoffizielle, wie die schwarzen Flecken auf den Felsen zeigen. Auch ist es nicht ganz einfach, auf einem von drei Seiten von Wind und Meer umgebenen Felsen ein Feuer in Gang zu halten, aber irgendwie gelingt es uns doch. Das ist unsere gemeinsame Abschiedszeremonie.

Nachmittags steigt Katja in den Bus nach Santiago. Ich drehe eine Runde durch den Ort, fülle im Supermercado meine Vorräte auf und gehe früh zu Bett. Der Schnupfen aus Olveiroa hat mich fest im Griff, und wenn ich morgen wirklich noch nach Muxia wandern will, ist Schlafen das einzige Heilmittel.

Muxia, 1. August

Ich habe fertig. Bis zum Ende der Welt und noch ein paar Schritte weiter. Morgen mit dem Bus nach Santiago, übermorgen zum Flughafen, und dann war's das. Sechseinhalb Wochen, eintausenddreißig Kilometer, eine Blase und ein nach wie vor einsatzfähiges Paar Wanderschuhe.

Dass ich mich nicht so recht freuen kann, liegt an der Erkältung, die ich mir in Olveiroa zugelegt habe (wie konnte ich nur so blöd sein, mir im strömenden Regen die Haare zu waschen?) und die auch das Wandern nicht leichter macht.

Der Tag beginnt in Fisterra mit bedecktem Himmel. Fisterra am Samstagmorgen um acht liegt noch im Tiefschlaf, das erste Doping fällt schlicht und einfach mangels offener G'schäfterl aus. Mein Wanderführer schickt mich am Muschelwegweiser vor dem Hotel Arenal links die Straße hoch. Da ist erst einmal nix, dann ein großer Schäferhund ohne Kette und ein bekloppter Moped-Fahrer. Mir kommt das irgendwie spanisch vor, also zurück zum Wegweiser. Notfalls, denke ich mir, kann ich an der Straße entlang spazieren, dann treffe ich auch irgendwann auf den Weg. Bei näherer Betrachtung stellt sich heraus: Es gibt einen zweiten Wegweiser HINTER dem Hotel, und der weist tatsächlich auf die richtige Straße.

Galizien liegt unter einer dichten Wolkendecke, ist aber trotzdem einmal mehr einfach wunderschön. Links blitzt hin und wieder der Atlantik auf. Auf den Feldern steht der Mais, in den Gärten stehen Palmen und Zitronenbäume. Die Wegweiser sind verwirrend, da sie in beide Richtungen gehen – man kann auch erst nach Muxia und dann nach Fisterra laufen – überhaupt begegnen mir gar keine anderen Pilger. Wie ich nach Sixto gekommen bin, kann ich mir selbst nicht erklären. In Padris fängt es an zu regnen, in der Bucht hinter dem Ort steht ein Regenbogen über dem Meer. Da lasse ich mir auch den Regen gefallen! Irgendwann hört es auf zu regnen. Überhaupt ist dies ein Tag, der durch Pulli-an-Regenjacke-an-Regenjacke-aus-Pulli-aus geprägt ist.

In Lires komme ich an einer Kirche vorbei, aber sie ist mal wieder geschlossen. Hinter dem Ort fällt mir ein, dass hier laut Wanderführer die einzige Doping-Möglichkeit auf der siebenundzwanzig Kilometer langen Strecke gewesen wäre. Zu spät – ich gehe sicher nicht zurück und suche eine Bar, die mir schon im Vorübergehen nicht ins Auge gefallen und wahrscheinlich gar nicht mehr existent ist.

Nun folgt die aufregende und in jedem Wanderführer fotografisch festgehaltene Stelle der Bachüberquerung auf Quadersteinen, danach kann ich auch pausieren. Schuhe aus und am Rucksack angeknotet, Wanderstöckchen fest im Griff und auf geht's. Das Bachwasser ist erfrischend kalt und ziemlich hoch, gut, dass Stöckchen und ich mittlerweile so ein eingespieltes Team sind! Der letzte Trittstein fehlt, ich wate durch das Bachbett, das hier eher ein Flüsschen ist, das Wasser reicht mir bis an die Oberschenkel, und ich bin dankbar für die Eingebung, trotz der trüben Wetteraussichten die Shorts angezogen zu haben. Das Foto, das ich vom Bach mache, während meine Füße trocknen, wird das einzige der heutigen Etappe bleiben – erstens bin ich zu erschöpft, und zweitens bleibt das Wetter verregnet grau.

Bei irgendeinem Pulli-an-Stop kommt mir auf dem Waldweg ein Pilger aus Richtung Muxia entgegen. Den Bundeswehrschritt kenne ich doch? Es ist tatsächlich Timo, unser kleiner Prinz, der am Vortag spurlos verschwunden war. Des Rätsels Lösung: Er ist spontan bereits gestern nach Muxia gewandert. Und fand den Weg so schön, dass er ihn heute zurückläuft. Als wir zu

Ende geplaudert haben, ist es einmal mehr Zeit für Regenjacke-an. Die letzten Kilometer ziehen sich endlos, aber irgendwann biege ich um eine Ecke, und da ist er wieder: der Atlantik. Ein verlassener Sandstrand, ein Vorgebirge, das sich irisch-schottisch ins Meer schiebt. Auch Muxia zeigt eine gewisse Ähnlichkeit mit vergessenen schottischen Nestern.

Zur Herberge – Beton-Ästhetik, aber was soll's – geht's mal wieder bergauf. Der Hospitalero fragt auf Deutsch: „Wo ist der Stempel von Lires?" – Von wo? – Lires. Das Credencial muss in Lires in der Bar abgestempelt werden, als Beweis, dass ich nicht per Anhalter gefahren bin. – Per Anhalter? Sehe ich vielleicht so aus? Total verschnupft, dreimal eingeregnet, nachmittags um halb fünf? Sehe ich so aus, als ob ich nur einen einzigen Kilometer seit dem Somport-Pass GEFAHREN wäre? – Ja, haben die mir das in der Herberge in Fisterra denn nicht gesagt? In Lires muss gestempelt werden. – In Fisterra hat mich überhaupt niemand gefragt, ob ich nach Muxia laufen will. Und der Wanderführer erwähnt auch nichts von einer Stempelpflicht in Lires. – Foto. Ob ich ein Foto von unterwegs hätte. – Foto? Moooment. Ich habe tatsächlich eins. Ein Hoch auf die digitale Fotografie. Ich suche das Barfuß-am-Bach-Foto heraus. Der Hospitalero grinst zufrieden und gibt mir mein Bett.

Muxia ist alles das, was Fisterra nicht war. Hier hätte ich wirklich noch ein paar Tage verbringen können! Die Promenade, der kleine Hafen, die Kirche Virxe de la

Barca am Meer, dort, wo vor fast zweitausend Jahren das Schiff mit den Gebeinen Santiagos strandete … Am frühen Abend reißen die Wolken auf, der Himmel ist nun blau-weiß-getupft. Hier, bei der Kirche am Meer, ist die Reise, die bei der Madonna in der Kathedrale von Oloron Sainte Marie begann, unwiderruflich zu Ende.

Und danach …

Aber ganz zu Ende ist so eine Reise natürlich nie.

Oder, wie eine Freundin es formulierte: „Du glaubst doch nicht ernsthaft, dass du sechs Wochen durch Spanien läufst und anschließend ganz unverändert zurückkommst?"

Der unglaubliche Sinn für perfektes Timing, der meine Wanderung bestimmt hat, hat mich bis zum Schluss nicht verlassen. Am nächsten Morgen in aller Herrgottsfrühe fuhr ich mit dem Bus zurück nach Santiago, und als ich von der Busstation zur Sonnenblumen-Pension spazierte, dachte ich an irgendeiner Stelle: Das kenne ich doch? Wieso ist hier eine Muschel in den Gehweg eingelassen? – Tatsächlich waren es dieselben letzten paar hundert Meter des Jakobsweges, die ich genau eine Woche zuvor schon einmal gelaufen war. Und jetzt, ohne zwanzig weitere Kilometer unter den Füßen, konnte ich plötzlich das tun, was ich in der vergangenen Woche vor lauter Aufregung nicht konnte - die letzten Meter des Weges genießen. Ich fühlte mich leichtfüßig und fröhlich und stellte fest: Es gibt nichts Besseres, als zum zweiten Mal in Santiago anzukommen. Das erste Mal war gut, aber dieses Mal, mit dem Wissen, dass ich wirklich den ganzen Weg und alles, was ich mir vorgenommen hatte, geschafft habe, dass ich weder heute noch morgen noch übermorgen einen Rucksack durch die Gegend tragen müsste – dieses Mal war ich wirklich und endlich und abschließend glücklich.

Einziger Wermutstropfen: Die Wahrscheinlichkeit, jetzt noch irgendein bekanntes Pilgergesicht zu treffen, tendierte gegen null.

Als ich auf die Praza de Obradoiro vor der Kathedrale einbog, hörte ich plötzlich Hello! Hello! – und ein mittelaltes Pärchen winkte mir aufgeregt zu. Kenne ich die? Verwechseln die mich? Nein, die verwechselten mich nicht: Es waren die englischen Landlord-Hospitaleros aus Rabanal. Wieder Rabanal! Letzte Woche die Mönche, heute die Hospitalero – wobei das Wunder nicht nur im Timing bestand, sondern auch darin, dass die Landlords mich nach zwei Wochen wiedererkannten.

Am nächsten Tag flog ich mit Air Berlin erst nach Palma de Mallorca und dann weiter nach Hamburg. Der Flieger verließ Santiago mit kräftiger Verspätung, womit mir genau zwanzig Minuten zum Umsteigen blieben. Mit einem Sprint über den Flughafen (und dem kürzesten Mallorca-Aufenthalt aller Zeiten) schaffte ich das, aber dass auch mein roter Rucksack den Flug nach Hamburg erwischte, war für mich die letzte der täglichen positiven Überraschungen während meiner sieben Wander-wochen.

In den ersten Tagen zurück in Hamburg lebte ich in einer verkehrten Welt. Meine Knie rebellierten bei jeder Treppe, die in Sicht kam, die einzigen Schuhe, in die meine Füße passten, waren Gesundheits-Sandalen, und jeden Morgen stand ich mit wachsender Verzweiflung vor meinem Kleiderschrank und wollte von all den schönen Sachen nur eines anziehen – mein braunes Wander-T-Shirt (schnelltrocknend, schweißhemmend, moskitoabweisend).

Und so sehr ich mich darüber freute, diverse vertraute Gesichter wiederzusehen, fürchtete ich mich genauso sehr vor der Frage „Wie war's denn?"

Tja, „es" war ganz sicher ganz anders als jede andere Reise, die ich zuvor gemacht habe. Aber wie es WAR? Das lässt sich mit Worten kaum beschreiben. Dafür erinnere ich noch einmal an die Pilger, die mir damals in St. Jean Pied de Port begegneten und die ich wegen ihrer strahlenden Augen und glücklichen Gesichter für die zufriedensten Menschen der Welt hielt: So in etwa war es.

Zwei Monate nach meiner Rückkehr las ich im Internet, dass die Bewohner von Rabanal die Mönche aus dem Dorf vertrieben hatten. Offensichtlich hatte es schon einen länger schwelenden Konflikt gegeben, der sich um die Renovierung der kleinen Kirche drehte – oder auch um den Gegensatz zwischen deutschen Austausch-Mönchen und spanischen Dorfbewohnern. Was auf mich wie ein himmlisches Fleckchen Erde wirkte, scheint im wahren Leben etwas ganz anderes gewesen zu sein.

Und wie war das jetzt mit dem Grund für meine Wanderung? War ich wirklich eine echte Pilgerin oder doch nur eine mit mehr Glück als Verstand ausgestattete Rucksackträgerin?

Wenn man sechs Wochen lang jeden Morgen in freier Natur in den Sonnenaufgang hineinspaziert, dann denkt man über manche Fragen irgendwann gar nicht mehr nach. Sie beantworten sich von selbst, jeden Tag aufs Neue.

Bonusmaterial: Die Packliste

… mit Vorher-*Nachher*-Kommentaren

After Sun 100ml kann man auch als Body Lotion benutzen
> *Ja, kann man*

Aspirin hilft gegen alles
> *Ja, das hätte es wohl getan – wenn ich es denn benötigt hätte*

Badeanzug
> *Ist nicht zum Einsatz gekommen*

Batterien für den Fotoapparat
> *Erstaunlicherweise hielten die in Spanien nachgekauften Batterien deutlich länger als die deutschen*

Becher
> *Ein kleiner Emaille-Becher, der große Dienste geleistet hat*

Blasenpflaster
> *Kann man überall unterwegs kaufen – wenn man's denn braucht*

Buch
> *Keine Zeit zum Lesen*

Cocoon Reisedecke ultraleicht Kompromiss zum zu Hause gebliebenen Schlafsack
> *Erst in Galizien wirklich zum Einsatz gekommen, dort hat sie dann erfolgreich als Decke, Rock und Umhang gedoubelt*

Deo Rexona von erfahrenen Hotelfachfrauen empfohlen

Duschgel 150ml

> *Nächstes Mal: Kernseife für alles. Übrigens weniger ein Gewichts- als ein Koordinationsproblem. Shampoo, Duschgel, Aftersun, Kernseife ... alles im Rucksack finden, nichts in der Dusche vergessen und dann wieder im Rucksack verstauen ...*

Fleecejacke

> *Jawoll! Die Tchibo-Investition hat sich gelohnt*

Flipflops

> *Besser: doch in duschfeste Sandalen investieren. Oder: Crocs*

Fotoapparat

Funktionshemd (kurz)

> *Schnelltrocknend, schweißhemmend, moskitoabweisend. Wir sind gute Freunde geworden, mein braunes T-Shirt und ich*

Gabel

Gürtel mit Geldtasche

Haarwaschmittel

> *siehe Duschgel. Und generell auf einen sechs Wochen andauernden Bad-Hair-Day einrichten*

Halstuch

> *Ein ebenso guter Freund wie das Funktionshemd. Besonders schön: frisch eingetaucht in kaltes Brunnenwasser und nass umgebunden.*

Handtasche aus Nylon

Sehr nützlich für den Stadtbummel und für's Nachtequipment: Wertsachen, Ohropax, Niveacreme, Taschentuch, MP3-Player

Handtuch groß Mikrofaser

Handtuch klein Mikrofaser

Handy

Handyladegerät

Übrigens überraschend viele Steckdosen unterwegs

Hirschtalg von Dr. Schöller soll Blasen vorbeugen

… und tut das vorbildlich. 90ml reichen ca. fünf Wochen lang, gerne auch mal nachcremen nach einer Pause. Der Trick besteht übrigens darin, dass man die Füße schon mindestens eine Woche vor Abreise regelmäßig eincremt. Dann sind sie vom ersten Wandertag an schön weich und weniger anfällig für Blasen.

Hut

This is so much more than a hat! Bei unterem Etagenbett: Hut am oberen Lattenrost befestigen und man hat einen prima Nachtschrank

Inlet Seide mit Decke statt Schlafsack – spart 500 Gramm und sehr viel Platz und ist definitiv der Punkt, bei dem ich am meisten gespannt bin, ob er eine gute Idee ist!

Schwieriger Punkt. Bis Galizien hätte ich gesagt: Inlet reicht im Sommer. In Galizien hätte ich jedoch ohne Wolldecken aus den Herbergen ziemlich oft sehr gefroren.

Isomatte und Hülle (Thermarest)

Zu diesem Thema hätte ich viel zu sagen. Nur ein Aspekt: Die billigen Dinger aus Schaumstoff sind leichter

und lassen sich auch mal irgendwo in der Pampa für die
Siesta ausrollen.

Kernseife

Für die Handwäsche, für die Haarwäsche, für die
Körperwäsche – für alles

Kleine Schere

Küchenmesser

OK, der Outdoorprofi hätte ein Vielzwecktaschenmesser
mit Korkenzieher und GPS dabeigehabt. Ich wollte aber
nur ein Küchenmesser haben, und dafür hat's gereicht

Kugelschreiber

kann man nie genug haben

Leinenbeutel für die Wäsche

Löffel

Magnesiumtabletten sollen Muskelkater vorbeugen

Funktioniert, hatte nie Muskelkater

MP3-Player und Ladegerät für die Marschmusik

Ja! Ja! Ja! Der Überraschungssieger auf der Packliste!
Top-Mittel gegen Einschlafschwierigkeiten, Schnarcher
und langweilige Römerstraßen!

Nähset

Nicht gebraucht, aber als Hotelfachfrau kann ich nicht
ohne so eine kleine Pappschachtel mit Hotel-Logo losgehen

Ohropax aus Schaumstoff, 4x (falls was verloren geht)

Jawoll. Wer die nicht mitnimmt, darf sich auch nicht über
Schnarcher beschweren.

Pflaster

Pilgerausweis

Pinzette

Plastikbox für Lebensmittel, notfalls auch wasserdicht

Meine Lunchbox! Geheimnisvoller Aufbewahrungsort wunderbarer Müsliriegel! (Bis zum heutigen Tag werde ich sentimental, wenn ich meine Lunchbox im Küchenschrank sehe).

Regenjacke

Ringelblumen-Fußcreme Mini-Packung, beugt angeblich Fußpilz vor

... und nicht nur das: Zwei Tage, nachdem die Mini-Packung leer war, hatte ich meine erste und einzige Blase

Rucksack ACT Trail 32 Liter

Nicht ideal, da ich sehr groß bin, aber letztendlich ok

Schnürsenkel Ersatz

aka Pilgerwäscheleine – nur ein paarmal zum Einsatz gekommen, dann aber immer nützlich

Shorts

Überraschenderweise auch bei Regen ein Erfolg, da schnelltrocknend und nicht so viel nasser Stoff am Bein

Sicherheitsnadeln

Socken drei Paar Falke Trekking Cool TK2

Letztendlich hätten auch zwei Paar gereicht

Sonnenbrille

Sonnencreme

Tagebuch

Taschenlampe obwohl die Packlisten sagen: Stirnlampe

Hätt' sie funktioniert, wäre sie sicherlich nützlich gewesen

Teebaumöl beruhigt Sonnenbrand

... und hat dies vorbildlich getan

T-Shirt zum Schlafen

T-Shirt langärmelig

Unterwäsche

Vaseline, denn angeblich sind abends mit Vaseline
massierte Füße weniger anfällig für Blasen

> *… und der Versuch hat gut funktioniert*

Wanderführer

> *Ohne geht's nicht, mit nicht unbedingt besser. Am besten*
> *als Motivationsmittel geeignet, indem man abgewanderte*
> *Seiten oben einknickt*

Wanderhose lang Moorhead von Karstadt

> *Ja. Karstadt-Qualität löst sich allerdings nach sechs*
> *Wochen auf. Hochkrempeln war eine gute Alternative,*
> *insbesondere nach dem Kniekehlen-Sonnenbrand*

Wanderschuhe von Lowa Trekking

> *Die waren sehr gut und würden eine weitere Wanderung*
> *überstehen*

Wanderstock

> *Stöckchen, ein treuer Freund in Matsch und Staub*

Wäscheklammern, die gelben von Globetrotter

> *Mit einem Wort: GENIAL! Meine Wäsche war immer*
> *sofort zu erkennen und nie Opfer von Windstößen.*

Zahnbürste, Griff nicht abgesägt

> *… habe auch unterwegs nie jemanden getroffen, der das*
> *getan hätte*

Zahnpasta

Das ergab ein Gewicht von etwa sieben Kilo, wie ich aber
erst am Flughafen erfahren habe, da ich die Dinge nie
einzeln gewogen und nur Werte aus anderen Packlisten
übernommen habe. Die Frage lautete nie: "Wie schwer

ist der Rucksack?", sondern "Kann ich das problemlos tragen?"

Für eine Sommerwanderung war diese Ausstattung ausreichend, dennoch würde ich für dieselbe Jahreszeit einen leichten Rock und ein weiteres T-Shirt oder Bluse hinzufügen und anstelle des Inlets doch den Schlafsack mitnehmen. Schuhtechnisch hätte ich nie gedacht, dass ich dies schreibe, aber: Im Rückblick scheinen mir tatsächlich Crocs die beste Lösung für zu sein für die Zeit, in der man keine Wanderschuhe trägt.

Was die Iso-Matte angeht, bin ich sicher, dass ich sie ganz, ganz häufig gebraucht hätte, wäre sie nicht dabei gewesen.

Danken …

… möchte ich all den Menschen, die zu meinem Jakobsweg-Plan nicht „Bist du vollkommen verrückt geworden?" gesagt haben, sondern: „Wow! Super! Tolle Idee! Mach das!"

Danken möchte ich auch den Lesern meines Berichts. Diese Reise war eine ganz besondere Erfahrung. Zu wissen, dass der eine oder andere „meinen" Jakobsweg beim Lesen noch einmal geht, macht die Erinnerung noch schöner.